命理生活新智慧・叢書 80

簡易實用靈卦・易學

金星出版社 http://www.venusco555.com
E-mail: venusco555@163.com
venusco@pchome.com.tw
法 雲 居 士 http://www.fayin777.com
E-mail: fayin777@163.com
fatevenus@yahoo.com.tw

法雲居士⊙著

金星出版

國家圖書館出版品預行編目資料

簡易實用靈卦・易學／
法雲居士著， --第一版.--臺北市：
金星出版：紅螞蟻總經銷，
2007[民96]； 冊 ；公分—
（命理生活新智慧叢書；80）

ISBN 978-957-8270-70-1（平裝）

1.易占

292.1　　96001635

簡易實用靈卦・易學

作　　者：法雲居士
發 行 人：袁光明
社　　長：袁光明
編　　輯：王璟琪
總 經 理：袁玉成
地　　址：台北市南京東路三段201號3樓
電　　話：886-2-25630620，886-2-23626655
傳　　真：886-23652425
郵政劃撥：18912942金星出版社帳戶
總 經 銷：紅螞蟻圖書有限公司
地　　址：台北市內湖區舊宗路二段121巷19號
電　　話：(02)27953656(代表號)
網　　址：http://www.venusco555.com
E-mail：venusco555@163.com
venusco@pchome.com.tw
法雲居士網址：http://www.fayin777.com
E-mail：fayin777@163.com
fatevenus@yahoo.com.tw

版　　次：2007年3月　第一版　2023年10月　加印
登 記 證：行政院新聞局局版北市業字第653號
法律顧問：郭啟疆律師
定　　價：400元

行政院新聞局局版北字業字第 653 號
(本書遇有缺頁、破損倒裝請寄回更換)

ISBN :978-957-8270-70-1（平裝）

（因掛號郵資漲價，凡郵購五冊以上，九折優惠。本社負擔掛號寄書郵資。單冊及二、三、四冊郵購，恕無折扣，敬請諒察！）

序

自從我教授紫微命理班，在職業班將結業之前，都會教授卜卦的課程。卜卦看起來簡單，實際學問很大。而且有許多命理師不會卜卦，專業命理師不會卜卦是不行的！雖然算命的方式有數百種，但中國的算命仍源自易經中的卜筮，揲著占卦，然後知『大衍之數』的推演，然後知『著之德圓而神』，或『精義入神，以致用也』。

有學生問我：『老師！為什麼我們已學會了紫微命理中精確的推算流年、流月、流日、流時，還要來學卜卦？流月、流日、流時不是已很準確了嗎？』

確實！紫微斗數中的推算大運、流年、流月、流日、流時非常準確！但你會覺得卜卦會在何時會用到呢？

卜卦通常都在運氣矇矓不明、無法辨認是好？是壞？或者是運氣原本就十分低迷，但內心又存徼幸之心的時候用的！很少人會在運氣大好時去卜卦，也可以說是根本沒有這樣的人的！所以當我學卦的時候，我的老師就告訴我，六十四卦中，大部份的『卦』是壞的，但它會給你希望，讓你繼續不懈的努力。這也正合了紫微命理的真義：對於受苦的人多鼓勵、少鞭砭。

任何事物都無法脫離時間和空間而存在，紫微命理的算運氣，是看什麼時間點會走到什麼空間去？因為在命盤上地盤十二宮已標明了時間的位置，因此是先有時間，再算空間。卜卦的變化多！大多數時間和空間都是未知數，因為在時間上人是突然興起而卜卦的，所以時間和空間都是未知數，再加上物質運動的變化，所以隨機而動的卜卦才會更靈準！

這本『簡易實用靈卦•易學』，為了達到實用及簡易好用的目的，我會把六十四卦的意義簡單化、清晰化，除卻似是而非的判斷，這樣在運用上更直接與清楚。

法雲居士　謹識

命理生活叢書80

簡易實用靈卦．易學

目錄

◎簡易實用靈卦・易學

◎目錄

◎簡易實用靈卦．易學

◎目錄

1 簡易實用靈卦易學

前言

卜卦從科學的角度來講，是概率的問題。是○與1的組合模式。中國人賦與○與1有特別的任務，讓它進入了三度或四度空間，相對的，也為人類帶來另一種生活的模式。

世界上很多人認為算命、卜卦是不科學的東西，但是他們仍繼續使用這種從卜卦的源頭『易經』所發展出的符號○與1『陰與陽』。

現在大家都知道影響二十世紀人類生活最鉅大的電腦、電算機的基本原理，也是○與1的基本結構，也是數學運算的基本架構。

易經中揲著卜卦行筮法的數學運算及求爻定卦的方法，是以『大衍之數五十有五，其用四十九』經過『分二』、『卦一』、『揲四』、『歸奇于扐』四個環節，每三變才能畫一爻，一卦有六爻，積十八次變化而畫成一卦。

『乾之策二百一十有六，坤之策百四十有四，凡三百有六十，當期之日。二篇之策，萬有一千五百二十，當萬物之數也。』也就是說：在卜卦的運算過程中，屬於乾卦共得的策數是二百一十六，屬於坤卦的共得策數是一百四十四，**兩者相加為三百六十策**，這與我們所用的曆法（陰曆）一年三百六十天相等，也**象徵天地的變化是一年為一個循環期**。

在六十四卦中，有三百八十四爻，陰陽各半（⚊或⚋為爻，⚊是陽爻，⚋是陰爻），陽爻共得六千九百一十二策。陰爻共得四千六百零八策，兩數相加，共有一萬一千五百二十策。這個數字正與地球上所出現的萬物物種相等、相當，**故稱為萬物之數**。這也包括了天地間所有事物的變化與衍生的結果。

卜卦者通過策數實行『大衍筮法』的運算模式，從而表現出演化出世界萬事萬物的形態。這些形態其實是由地球上八種基本物質及現象來相互作用而組成的。**這就是八卦所代表的天、地、雷、風、水、火、山、澤等八種物質現象**。如果我們再回溯回去，就可明白的瞭解《易經》所敘述的世界生成的秩序出來了。是漸次由『太極』（太一）生『兩儀』（陰陽），再生『四象』（四時），再生『八卦』的。

很多人常常執疑：**難道六十四卦、三百八十四爻，就能道盡世界上的萬事萬物了嗎？**答案是肯定的。其實你若真正從揲著卜卦的基礎上去探索，你會發覺：這不過是用『數』的奇偶對立或統一關係去創造的一個反映事物潛在變化的模擬狀況而已。並且經過『數』的分合運算，而建構出一幅『宇宙』或『世界』的模式圖出來。

世界上任何事和物的存在都脫離不開時間和空間兩個條件，而時間與空間又是物質存在和運動變化時的基本條件和形式。物質既然存在，也就必然會運動、演化及發展。而這些運動、演化和發展，也多半來自於其本質的陰陽對立面的鬥爭和統一所形成的。這就是萬物生化演進的運動過程。

當我們瞭解八卦和六十四卦是一個萬物生成的模型，而且是一個具有儲存無限資料的數據處理機，我們只要將自己的問題輸入，經過解譯，就可得到要找的答案。

前面談的是卜卦中運用數理的方法和科技之間相依關係，**現在要談一下這本書要如何來運用的技巧了**。這本書將教導大家四種卜卦的方法，那就是用手卦、米卦、金錢卦，以及梅花易數來卜卦。這其中以手卦及梅花易數的卜卦法較難，需要多加練習，並對六十四卦要熟練，要心領神會，久而久之而產生神通的力量，卜卦才會神準。

實際上我建議讀者要運用這本書最好的方法：是從第7八卦模式與代表意義及8六十四卦序列表及9八宮卦變解析至10易經六十四卦解析等本書的後半部先看，先瞭解八卦的基本概要之後，前面卜卦的手續部份就自然簡單輕鬆了。而且將來查起卦象資料斷吉凶時，也會運用自如、遊刃有餘了。

另一件要注意的事是：占卜的心意，卜卦要講究『心誠意正』『無疑不卜』，很多事情可以用常識或智慧來解決時，或是可由請教別人或由書本上能找到解答時，就不用卜卦了。一定是脫離了以上的境界，再灌入自己精神上的潛力，及依靠本身的智慧，才能卜到靈卦及解讀得出優先預知的結果出來，因此『心誠意正』是求得靈卦的不二法門。

占卜的地點：占卜時宜仿照古人方式，在佛堂或書齋，或覓一潔靜之室，設香案神桌，坐北面朝正南，焚香點燭。占卜人最好能沐浴更衣、衣冠整潔以示莊重敬意，立於案前，面朝正北面，沈心定氣，先唸請神文，以求神通。

請神文內容：『拜請八卦祖師爺、伏羲、文王、周公、孔子五大聖賢，王禪祖師、孔明先生、康節先生……歷代相命先師、裝卦童子、成卦童郎，一切過路的神明，今弟子某某某　住　某某地，有　某……事未決，祈求降卦，好出青龍，壞出白虎，以斷吉凶。』

請神文唸完，祝禱完畢，可以開始用手卦或挾米、執銅錢，或用梅花易數來卜卦了。

＊請神文中：『弟子…某某某…』，要報上占卜人的姓名。『住……某地』，要報上自己的住址或卜卦地點，『有某事未決』，也要告之神明確實要占卜的事情原尾。要讓神明確實瞭解你在問何事才會靈通。如果在神明前都要隱瞞或胡謅，那是一定不會靈驗的，也問不出所以然來了。

＊如果你是占卜人，要代他人占卜，請神文中也要講清楚，如：『今弟子王小明代陳清文，住台北地，因參加高普考一事未決，祈求降卦……』代人占卜的神明祝禱文中的住地，要講來求問事人的住址才行。

2 占卜十戒

占卜十戒宜謹守、卜卦才靈驗

第一條：占卜家須精通五術，山、醫、命、相、卜等各種知識，並要有國學及中國文字的基礎涵養，綜合各種知識，如算命、批八字、人相、手相、陽宅風水、中醫診斷、天文地理都要精通，才能將卜卦斷卦更精確。因此愛唸書、喜唸書，會唸書，是十分重要的，另外還要具備冷靜頭腦會推理，要具備心靈的敏銳度，可觀察到隱藏的玄機，以及隨機應變的靈通。更重要的是占卜家要保持正直不虛偽、勿貪勿縱的人格，用冷眼看世界，用冷靜的頭腦來處理卦義，卜卦判斷才會靈驗。

第二條：占卜家要有自己的正義，不可代顧客求取不義之財，或做不法之事。占卜家自己本身自我要求要有最高的道德水準，要不為名利、色誘、感情、各種誘惑所牽絆左右，勿做非分之要求，卜卦才會靈驗。

第三條：占卜時，來問事者與占卜人都要先淨手漱口，潔淨身心。安靜的帶領問事者焚香，向上蒼神祉唸前述請神文。祝告完畢，問事者退至旁邊，或靜坐一旁，一定要繼續定神來專心冥想要卜問的事情，以便和占卜者的精神念力合一。占卜者站在神案前，誠心靜氣，也要唸請神文後拜請神靈，然後再用手挾碗中之米，或用手卦，或執金錢卦等依通，卜成卦象來斷吉凶。

第四條：來求占卜者，如果以遊戲心情，或戲弄占卜者，占則不驗，天不搭理。

第五條：占卜是精神意志力堅定統一而能產生的靈動之事，精神不集中，心無誠意，偶然隨便占一卦，也是不會靈驗。

第六條：一事多問，或是一次問很多事，則數理不逮，是不會靈驗的。占卜之事，一次占卜一幅卦，只能問一件事，不能問二、三件，或更多。一件事情亦不可重覆占卦好幾回，這是對神明『再三瀆，瀆則不告』。

第七條：欲問事者心雖誠正，但自己不會占卜，**委託別人代為占卜，而代為占卜者心不誠，也是不會靈驗的**。

第八條：問事者自身不在場，由占卜者代卜，精神不統一，也難靈驗。問事者欲問事，但心藏鬼胎暗意，心難靈驗。問事者以己之事騙說為他人之事，或是他人之事騙說為己之事，皆占而不驗，為無益之占。

以上皆為用神不定，因此難斷難驗。

第九條：『**易為君子謀，不為小人謀**』。凡盜賊邪淫、貪欲敗壞、酒醉瘋傻、做不正經的事情，占卜皆不驗，此為天理不容之故。

第十條：占卜的地點，齋堂要力求安靜，來問事者與旁聽者不可喧嘩

◎簡易實用靈卦・易學

吵鬧，以防亂了占卜者精神統一之念。一切占卜過程要在莊敬肅穆中進行，才會達到靈驗的至妙境界。

3 手卦的占法和實例

『占』和『卜』不一樣，用數來求卦稱為『占』。用工具來求卦的，稱為『卜』。因此手卦是占。手卦就是『手通』。為道家『屈指神算』之法，道家以孔明、鬼谷子、劉伯溫等大師為手卦高手。

手卦先要在手掌上定八卦之位。用《黃石公翻卦掌訣》來定掌中卦位。

《黃石公翻卦掌訣》

『星卦相配成一家，八八變來無紊差，先變乾數掌中裁，上兌下震小指排，無名指安坤與坎，中指巽上艮低徊，上離下乾歸食指，一卦既定餘翻來。』

◎簡易實用靈卦・易學

手卦其實是用手的十指，從食指起依離、乾，中指為巽、艮，無名指為坤、坎，小指為兌、震，排列起來，如右：

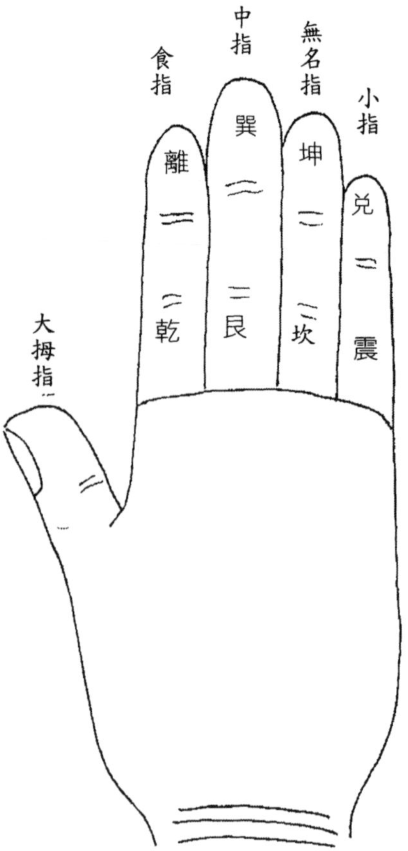

亦或如(二)

先天數：乾一、兌二、離三、震四、巽五、坎六、艮七、坤八

後天數：坎一、坤二、震三、巽四、中五、乾六、兌七、艮八、離九

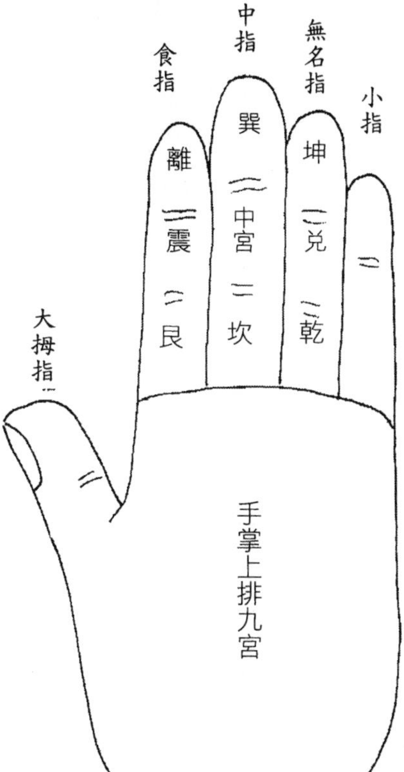

＊前面兩種手卦形式可選擇其中之一來運用。
先天數或後天數的運用也可擇一來運用計算。

◎3 手卦的占法和實例

要運用手卦，必須要經常反覆練習，背誦八宮位置，要十分熟練，並且常靜坐參禪，培養神通的敏感能力。平日茹素、焚香，朝拜神佛，多與神佛親近，集中精神，長久之後累月經年可蓄養一些神通力量。當要卜手卦時，便能運用自如，預測神準了。

卜手卦的程序

卜手卦之先，在神案前先靜坐閉目，集中精神，安定靈魂，接著唸請神文，如果神靈下降，就會產生靈動，要運靈於掌上。手上拇指會自動的在其他四指上點動。先點到的是上卦，後點到的是下卦。

如果拇指第一次點到食指端的『離』。第二次點到中指根的『艮』，表示上卦是離，下卦為艮，這是『火山旅』卦，運氣搖擺不定，要小心，會心煩，結果不如預期。

如果拇指先一點就要點到小指端的『兌』，做為上卦，再第二次點到中指端的『巽』，下卦為巽，這就是『澤風大過』卦，可以查後面『易經六十四卦解析』來斷定運氣吉凶。

＊手卦完全是靠一股天生的靈動力量來卜卦，精神氣清的人，脫俗之人以及精於易卦之人，較能產生靈動。手卦沒有變卦，可直接斷吉凶，如果占卜之人氣濁、神靈不降，手卦的準確度就不佳了，其實也可以觀察占卜手卦者的相貌可臆度其可信度。

舉例說明：

我在唸研究所時期，我的頂頭教授是一對從法國學藝術都得到博士學位的夫妻，他們的女兒、兒子也是博士，而且還是雙博士，一家四口有六個博士學位。老師自從得知我從事在他們認為新奇的命理行業後，每逢上課日在下課休息的數分鐘時間內，就會來打招呼，問說他們女兒的嫁期，那時此女已三十四歲半了，但是老師因為是基督徒，常問完後又說是不信算命的，認為這是迷信的東西，做學生的人也不好反駁老師，因此總是打馬虎眼的應付著。

有一天女教授很緊張的拉我到一旁說：有人為她女兒做媒，這一次非常希望能成功，要我一定要幫忙看一下。經過當事人的同意，因此幫這位小姐卜了一卦，當時卜的卦是上火下乾，為『火天大有』卦，䷍

大有卦象曰：『大有，為柔得尊位大中，而上下應之，曰大有。』

我斷定：此位小姐婚姻運大吉，此次可找到如意郎君，而且是家世好的富有人家，婚後才會戀愛，而且以『柔得尊位而大中』，上下應之，會得婆家喜愛，成就美滿姻緣。

大有卦的綜卦（反面卦）是同人卦䷌，與人和同而相親近，志同、心同，以六二爻居陰位，又在下體之中，也是以柔居中位而應之。

因此我亦斷定此小姐必性情溫柔，會和婆家相處愉悅，心同意同，以柔得尊位，受人尊敬。

後來，果然在是年年底，十二月的時候，這位小姐終於結婚，男方家大業大，十分殷實富有。並且夫婿為獨子，這位獨子與父母關係

常緊張，公婆對媳婦寄予厚望，十分疼愛，這位小姐也不負重望，用溫柔性格和良好的ＥＱ把公婆與夫婿的關係重新搭建起來，更在第二年底為夫家生下長孫，家族事業有了繼承人，公婆更是闔不攏嘴了。

4 米卦的占卜法和實例

用米卦來占卜，首先要準備一小碗圓潤完整的米，要除去碎粒雜質及半粒的米粒，務求整潔、潔淨，將準備好的一小碗米放在神案上鋪有一小塊紅布的上面。

必須先凝神定氣，口唸請神文，以求神通：『拜請八卦祖師爺……，以斷吉凶。』

稟明上蒼神祉，所求何事之後，再以謹慎的心情，用食指和拇指去碗中挾出米粒放在紅布上。**按照乾一、兌二、離三、震四、巽五、坎六、艮七、坤八來計算**，如果第一次挾出二粒，歸為下卦為兌，第二次挾六粒，歸為上卦為坎。下兌上坎☵☱，所求之卦為**水澤節卦**。

＊如果所挾之米粒超過八粒，則以減八之數目來計算，例如挾到九粒，九減八為一，算乾卦。挾到十粒，十減八為二，算兌卦。挾

到十二粒，十二減八為四，算震卦。

上下卦排好後，第三次去挾米算是變卦。例如挾到二粒，則是二爻變。挾到三粒，為三爻變。挾到一粒為初爻變……挾到六粒為上爻變。但如果超過六粒，例如是挾到十粒，則用十減六為四，算是四爻會變動。

例如前面：

第一次挾二粒，為下卦為兌，第二次挾六粒為上卦為坎。

水澤節（第六十卦）

若第三次挾五粒，則五爻變，五爻由陽變陰，成為『地澤臨』卦

地澤臨（第十九卦）

卦象出來了，在斷事方面，則可查本書後面《六十四卦解析中》有應事判斷吉凶的部份來看運氣好壞。**如果有變爻時**（變爻就是動爻），要看是幾爻變，或稱幾爻動，**一種斷法是直接看該變爻所代表之吉凶**。例如：你先看完第六十卦水澤節的應事判斷吉凶後，因第三次挾到五粒為五爻變，就直接看該水澤節卦的五爻變之吉凶。其判斷是：『吉。上有源，下能泄，有調節功能大吉。』

另一種斷法是：由第三次挾五粒來之後，五爻變，直接由水澤節卦的九五爻變為陰爻，**因此成為地澤臨卦（第十九卦），再由臨卦的應事判斷來解釋吉凶**。

舉例說明：

有一位王小姐想要用年終獎金投資小套房，目前房價已高漲，而且小套房面積太小，有將來不易脫手的危險。但她仍堅持要卜一米卦來問問可否買屋？王小姐和我一同虔誠的唸過請神文之後，先請她在碗裡用食指和拇指先後三次挾出米粒。

第一次挾出四粒，下卦為震。第二次挾出六粒，上卦為坎卦。

水雷屯（第三卦）

第三次挾出十一粒米。用十一減六為五，算五爻變。

因此水雷屯卦之五爻變，而成為

地雷復（第二十四卦）

斷事吉凶

以水雷屯卦來斷王小姐買屋欲做投資客之事是此時不宜的，會有很多障礙及波折。若此時買屋極容易套牢。五爻變，表示不適宜做大決定。

變卦為地雷復卦，表示未來會有希望好轉，到那時再考慮買屋也不遲。

最後王小姐接受建議暫時打消買屋念頭，也暫時躲過已過熱的房市景氣，未來可好好規劃投資方向。

5 金錢卦的占卜法和實例

金錢卦主要是由漢朝焦京易系統傳下來的，後來經過歷代的變更和擴充，到了現代其實更簡單化了。

一般找別人卜卦，算手卦怕被人唬弄，算米卦好像不慎重，算金錢卦或抽籤筒中的卦，似乎較能得到神意。其實這些只是道具不同而已，都是用數來變化的卜法。

卜卦之前，靜心淨手，祭神、唸請神文，都是一定要做的規矩，誠心誠意才能卜出好卦。

要算金錢卦，最好用三個古錢。平常用紅布包著（用現代錢幣亦可），卜卦時，紅布舖在桌上，銅錢搖好撒在紅布上，爻象就出來了。**先後搖六次，就有六個爻象，就成為一卦了**。第一次搖出的為初爻，為卦最底的一爻。第二次搖出的為二爻，排在初爻之上，依次往

上疊而成六爻。

六爻	第六次搖出
五爻	第五次搖出
四爻	第四次搖出
三爻	第三次搖出
二爻	第二次搖出
初爻	第一次搖出

倘若我們設定銅錢上有文字的一面為『陽』，有花紋的一面『陰』。將三個銅錢搖一陣後撒在紅布上。如果銅錢中有兩個是陰面的，一個陽面的，便以陽面為主，用紙紀錄為一個『、』的記號，代表這是陽爻。

如果搖銅錢撒下之後出現兩個陽面，一個陰面的，就是陰爻，記錄成一個『い』的記號。如果開出三個銅錢全為陽面，為老陽，記錄的記號為一個圈『○』，這叫動爻，將來要變陰的。這是陽極陰生的道理。如果開出三個銅錢全為陰面，則作記號為『×』，這也是會由陰變陽的動爻。如此連續搖銅錢六次，記錄六爻，完成六爻，成為一卦。因為變卦會在其中，故不必擲第七次銅錢了。

例(一)：如果第一次擲銅錢為老陽（○），第二次為少陽（、），會排成━粗橫線，第三次為老陰（×），第四次為少陰（い），會排出二段橫線╍，第五次為少陽（、）會排成一橫線，第六次為少陰（い）。

則卦記錄如下：

本卦　水澤節（老陽會變少陰，老陰會變少陽）

變成

變卦　水風井（第四十八卦）

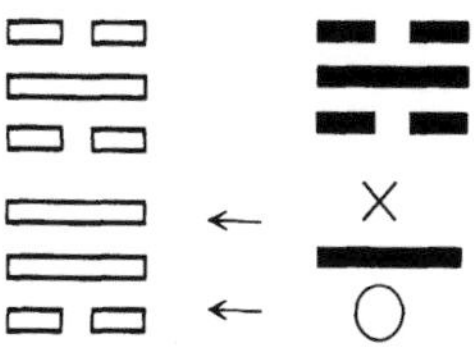

例(二)：如果第一次擲銅錢為少陰（い），第二次為少陽（、），第三次為老陽（○），第四次為少陽（、），第五次為老陰（×），第六次為少陰（い）。

此卦如下：

本卦　雷風恒（老陽變少陰，老陰變少陽）

變成

變卦　澤水困（第四十七卦）

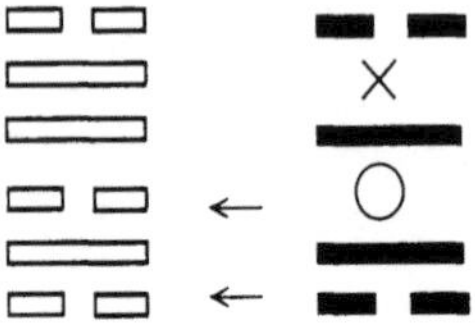

舉例說明：

有一位補教界老師，想投入參加立法委員選舉行列，懇請代為卜卦，以斷吉凶，看看究竟是否能參選及選得上？

當日卜得本卦為：

本卦 澤天夬（第四十三卦）

變卦 風天小畜（第九卦）

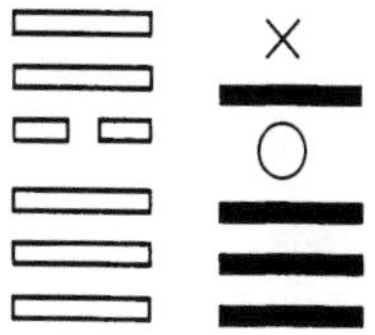

斷事吉凶：

因本卦『澤天夬』與變卦『風天小畜』皆代表重重阻礙，競選非常不樂觀，且會負債。更有小人把持，會牽著他的鼻子走。未來會導向失敗之途。據說自從他籌備以來，這個小人把持的狀況已浮出檯面，他已知道是誰了，當務之急，是立刻停止參選活動，以減低耗損，不要將來負債太多而被壓垮。

考試你最強

法雲居士⊙著

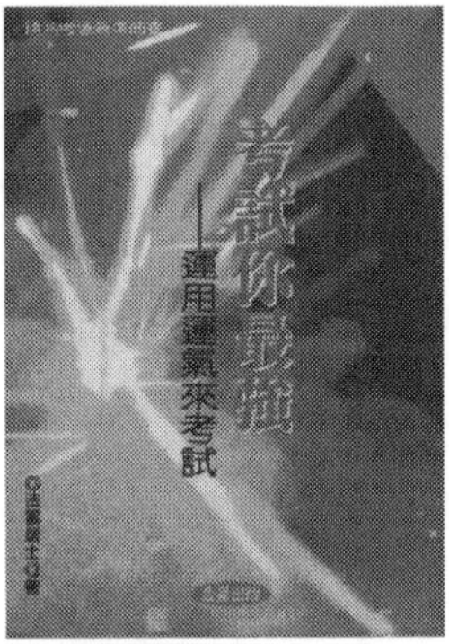

讓老天爺站在你這邊幫忙你考試

- 老天爺給你一天中的好時間、給你主貴的『陽梁昌祿』格、給你暴發運的好運、給你許許多多零碎的、小的旺運來幫忙你K書、考試。但你仍需有智慧會選邊站，老天爺才會站在你這邊！

如何運用運氣來考試

- 運氣是由許多小的時間點移動的過程所形成的，運用及抓住好的時間點，就能駕馭運氣、讀書、K書就不難了，也更能呼風喚雨，任何考試都手到擒來，考試強強滾！
考試你最強！

權 祿 科

法雲居士⊙著

在每一個人的生命歷程中，都會有能掌握一些事情的力量，和對某些事情能圓融處理。又有某些事情是使你頭痛或阻礙你、磕絆你的痛腳。這些問題全來自於出生年份所形成的化權、化祿、化科、化忌的四化的影響。

『權、祿、科』是對人有利的，能促進人生進步、和諧、是能創造富貴的格局。『權、祿、科』的配置好壞就是能決定人生加分、減分的重要關鍵所在。

這是一套七本書的套書，其餘是『羊陀火鈴』、『化忌、劫空『昌曲左右』、『殺破狼』、『府相同梁』。

這套書是法雲居士對學習紫微斗數者常忽略或弄不清星曜特質，常對自己的命格有過高的期望或過於看輕的解釋，這兩種現象都是不好的算命方式。因此，以這套書來提供大家參考與印證。

6 梅花易數的占卜法和實例

梅花易數的卜卦法相傳是邵康節先生流傳下來的，方法看似簡單，但必須對六十四卦及八宮卦位十分熟悉才能應用得好的。

梅花易數常常讓人覺得很神奇的是：一個人一進門，說：『先生請你幫我卜個卦吧！』卦已經卜好了。馬上可以解給你聽了！你說：我還沒開口問呢！他已經知道你會問什麼了，該答什麼了。這是什麼緣故？

其實梅花易數卜卦的方法，主要是從當時的年、月、日、時取卦，或是以對方的人進門的位置取卦，或者是用你左腳先進屋，或右腳先進屋來取卦，或是用你站著或坐著，或你面對的方向，或是你進入此屋後所落的位置等等來取卦，隨便一樣條件都可以隨機取卦，心領神會，就會非常好玩。這是根據問卜的時間、空間、當時環境、景物及當事人身份、問題內容以數理推算結果。

梅花易數卜卦方法，通常用年支、月、日、時的數字來決定體卦與用卦，再用互卦看卦的發展來論吉凶得失。

例㈠：假設是在丁亥年正月十五日申時來卜卦，問財運好了。

丁亥年，亥數十二，正月數一，十五日數十五，以年月日之數相加，十二加一加十五為二十八。二十八再除八，餘數是四，四是震，上卦為震。

申時，申是九，再加上二十八（為年月日時之數）等於三十七，三十七除以八餘五，五為巽，因此下卦為巽，如此而得出『雷風恒』卦，**表示財運平平，不可亂動，不動則吉，動則凶。**

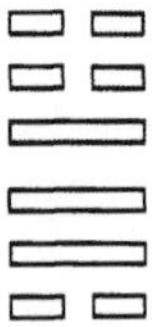

雷風恒（第三十二卦）

例㈡：梅花易數的卜卦法，也可請來問事者隨便報三個數字，第一個數字為上卦，第二個數字為下卦，第三個數字為變爻。

例如所報之數字為37、48、24，問轉行可否？

以

上卦 37÷8＝4 餘5

下卦 48÷8＝6 餘0

變爻 24÷6＝4 餘0

本卦為上巽下坤 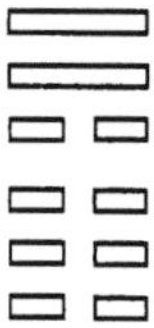 風地觀（第三十卦）

變成 ←

變卦為 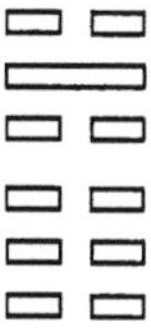 水地比（第八卦）

（先天八卦數乾一、兌二、離三、震四、巽五、坎六、艮七、坤八）

下卦餘數為0，為坤卦

變爻餘數為0，為六爻變

斷事吉凶

本卦為『風地觀』，是由下向上瞻仰，要看人臉色行事，原本目前已吉，要等待時機而行。變卦為『水地比』，是上下親和之意，改行吉。因此斷語為要與人親近，多做一些人際關係，等到氣氛成熟了再改行，便一定可行了。

梅花易數的斷事法，當參考一個卦的錯卦、綜卦，和互卦來斷事，因此會更形複雜和難學。不過常鑽研其中，會有許多趣味讓人著迷。

錯卦：是把一個卦的爻陰陽顛倒過來。**錯卦代表事物相對的結果**。也就是事物的反面效果。

綜卦：是把一幅卦像掀起簾子一般，頭尾對調，綜卦很複雜，**代表事物或人彼此之間的關係**。

互卦就是交互卦，很麻煩。是把一幅卦的第二爻、第三爻、第四爻抽出來做為下卦。再把其中第三爻、第四爻、第五爻抽出來做為上卦，上下卦再合在一起形成一卦，就是本卦之互卦了。**互卦代表事物或人事間內部的演變形態。**

例如：

本卦水澤節

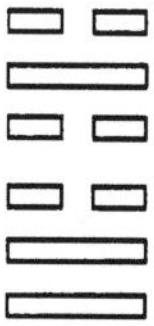

的錯卦為

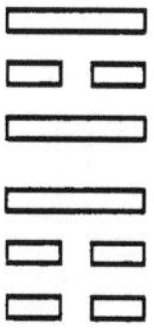

火山旅

綜卦為

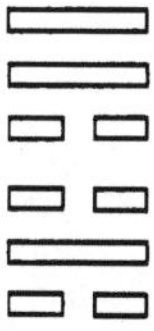

風水渙

互卦為

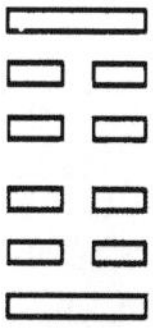

山雷頤

◎簡易實用靈卦．易學

例如：

本卦火雷噬嗑 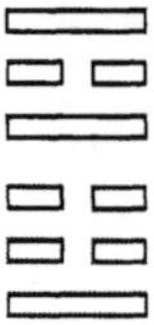 的錯卦為 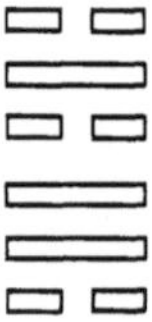 水風井

綜卦為 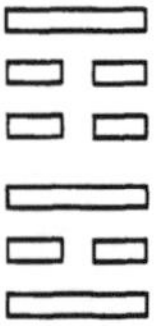 山火賁

互卦為 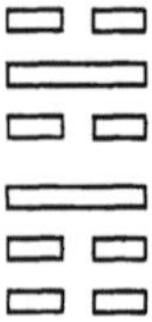 水山蹇

舉例說明(一)：

有一位軍官想要轉教職進入軍事大學教書，有一天拜託了人之後，仍是不放心，想占卜一下來斷吉凶，便以當日請託貴人的時間為數來卜之。該日是二月六日下午五時（以十七時論）。

（二月六日，二為兌，為上卦。六為坎，為下卦。十七時為變爻，除以六為五爻變）

本卦為 ䷮ 澤水困

變卦為 ䷧ 雷水解

錯卦為 ䷕ 山火賁

綜卦為 ䷯ 水風井

互卦為 ䷤ 風火家人

斷事吉凶：

這位軍官想要改教職，從本卦『澤水困』來看，是運氣最壞的時候，拜託人也是徒勞無功的。五爻變，先凶後吉，變卦又為『雷水解』。代表狀況會逐漸好轉，須慢慢等待，待時而動。錯卦是『山火賁』，錯卦代表一件事的反面狀態。『山火賁』是內在空虛，外表裝飾美觀，有不實在的意象，並要提防小人暗害與誹謗。綜卦是『水風井』。綜卦代表事物與人際間的關係，為『水風井』時，代表人際關係陷入一個小圈圈，如井底一樣的鬥爭之中，守本份可保平安，否則會招壞運。互卦為『風火家人』。互卦為事物內部或人事上的演變形態。『風水家人』在此就代表需要男女共同努力，像一家人一樣，才能變好。**因此整件事的狀況就是**：目前運氣不佳，也不是進去軍事大學的最佳時機，再加上該職位有外華內虛，外表看起來很高尚、輕鬆、內裡鬥爭多，處處有陷井，小人多，進去了亦可能隨時職位不保。該職位尚須經過一些時日的變化。這位軍官也必須和該校的其他老師、主任熟悉，打成一片，成為家人後，才會有希望進入該校任教。

舉例說明㈡：

陳小姐想投資股票，但通常第一季獲利不是很好，於是請我幫她卜一卦來預占是否能投資賺錢。她以自己的生日四月初七寅時來卜卦。梅花易數的變通性很大，你可以把這些數全部加起來，如前面㈠一般來算卦。也可以簡單一點直接用月份，日子做卦，用時辰（時間）做變爻。你可以月份做上卦，日子做下卦，亦可以用月份做下卦，日子做上卦，全看你當時心態是怎麼變的，就怎麼擺。例如用月份做上卦，四為震。日子做下卦，七為艮，變爻為寅時為三。

本卦　䷽　雷山小過

變卦　䷏　雷地豫

判斷：

陳小姐以生日求得本卦為『雷山小過』，以退守吉，財運不佳，要保守，最好暫時勿買股票投資。三爻變，且要小心防範，近日會因疏失而耗財。

變卦為『雷地豫』，代表改變一個方式投資其他的東西，則能賺到錢，也會有令她愉悅的事。果然，陳小姐將資金投入購買基金之後，而賺到錢，十分開心。不過，她也告訴我，現在她已知道自己的生日起的卦原來這麼不好，以後再也不敢用此生日做數字來測運氣了！

7 八卦模式與代表意義

第一節 八卦模式的意義及組合、看法

繫辭傳(上)

是故易有太極，是生兩儀，兩儀生四象，四象生八卦。八卦定吉凶，吉凶生大業。

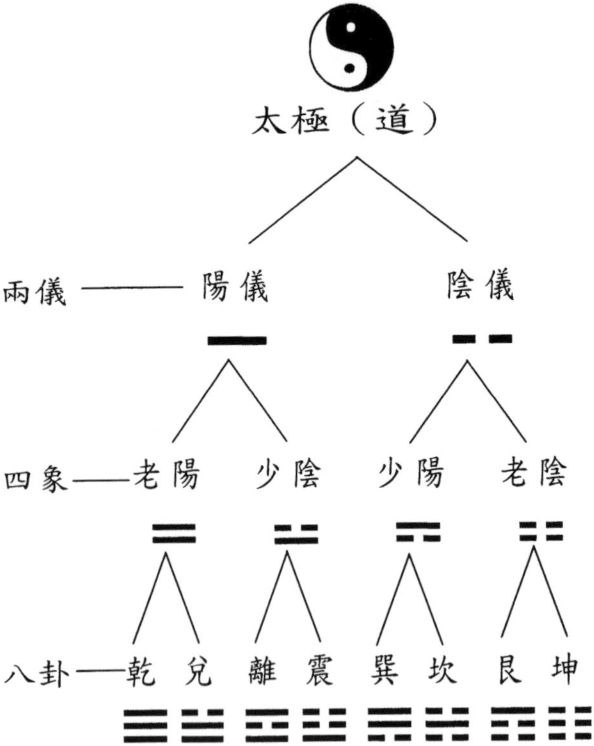
太極（道）
兩儀——陽儀
陰儀
四象——老陽
少陰
少陽
老陰
八卦——乾
兌
離
震
巽
坎
艮
坤

八卦的模式既是『世界生成的模式』，也是『萬物生成的模式』，並可將之視為『萬物分類及運動的模式』。

首先，地球由混屯之初，氣體分出陰陽，氣體輕者上為天，濁重的下為地。造成天地。這也是兩儀。其後，有了春、夏、秋、冬的變化，春為少陽，夏為老陽，秋為少陰，冬為老陰，這是兩儀生『四象』。天地間有了寒暑交替，四時運行的規律變化，所以能生出萬物，八卦就產生了。此為四象生八卦。數字與陰陽的變化，用符號來講是這樣的：

奇數一、三、五、七、九，代表陽，用（⚊）來代表

偶數二、四、六、八　，代表陰，用（⚋）來代表

◎簡易實用靈卦・易學

八卦依次相生，是由下往上畫的，而能生成八卦圖式

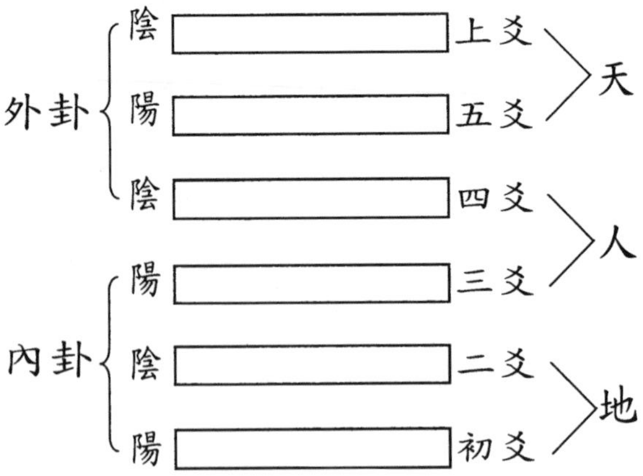

一卦由兩個單卦組成，從下面往上數為初爻（一爻），二爻、三爻、四爻、五爻、上爻（六爻）。一爻不稱一爻‧而稱『初爻』，代表整個卦象的開始。六爻稱為上爻，代表整個卦的結束。初爻、三爻、五爻的卦位為陽位。二爻、四爻、上爻的卦位為陰位。上爻和五爻代表『**天**』，四爻和三爻代表『**人**』。初爻和二爻代表『**地**』。初爻、二爻、三爻合稱『**內卦**』，四爻、五爻、上爻，合稱『**外卦**』。

卦之『六位』的基本公式是陽陰、陽陰、陽陰，是固定不會變的，屬於『道』的統一原理。代表宇宙間之萬事萬物都有一個基本的運動模式。而在所有事物中又有一種規律會運動是變化多端的，因此就用剛（⚊）和柔（⚋）來代表變化不定的因素，用陰陽對立的原理來衡量它。我們用『**承**』、『**乘**』、『**比**』、『**應**』的方法，將之和原始的『道』的規律性相評比，而斷出得失利弊，這就是『解卦』了。（知道卦象的意思了）。

以上就是《說卦傳》所說的：『觀變於陰陽而立卦，發揮於剛柔而生爻，和順於道德而理於義，窮理盡性，以致於命。』

周易之六十四卦，共三百八十四爻，陰陽各半，凡陽爻皆標九，稱為『用九』代表『剛』(⚊)。凡陰爻皆標六，稱為『用六』，代表『柔』(⚋)。

因此下列卦位是如此稱呼的：

(一)

上九
九五
九四
六三
六二
初九

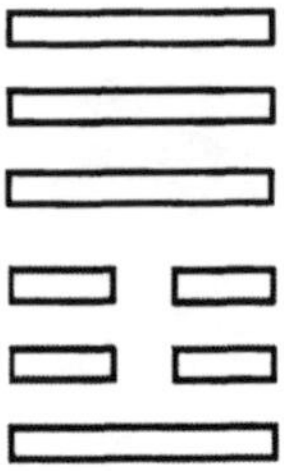

天雷無妄

(二)

上六
九五
九四
六三
九二
初六

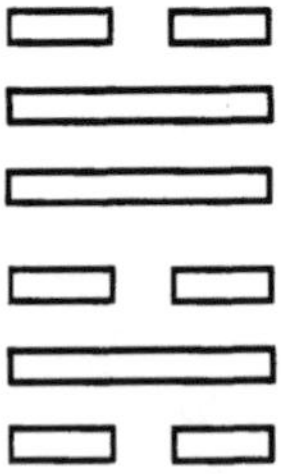

澤水困

第二節　單卦之象徵意義

1 ☰乾——為天、為造物主、為陽、為剛、為健、為主宰

代表意義：

季節上——以八卦配八方四時，乾居西北，為秋末冬初季節，天寒結冰，從農曆八月上旬之寒露到十月下旬大雪之間的時間，為期二個月。

時間上——指傍晚戌時（十九時）至亥時（二十一時）尾。

氣候上——指大晴天、有太陽陽光普照的日子、空氣乾燥，亦指乾旱或寒冬結冰之時期。

人物上——指君主、造物主、父親、主人、男性、上輩、祖先、尊親、長輩、神明、老闆、上司、官吏、行政院長、總統、

有權力的人、有影響力的人、經營企業的人、貴人、君子、威嚴的人、支援救濟者、總經理、企業主、資本家、投資者、丈夫、兒子、體力剛健的人、大力士、努力上進的人。

天生性格與人際關係——代表性格陽剛、堅硬、有獨立性、果斷力、重現實、自以為是、自以為尊貴、好掌權、能掌握大局、局勢、有領導力與支配別人的力量、個性開朗、外表風度翩翩、受人景仰、為人自誇但風趣、喜交友、多遇小人、易樹敵，且對工作熱心、事業心強、好管人、不願被人管，易出名、做事有大氣魄、工作與活動繁忙、有堅定的信仰、工作上亦好競爭、有競爭力與獨斷力、強力執行、施行技術。

場　所——政府機關、首都、大都會、戶政事務所、名勝古蹟、人多的廣場、運動場、足球場、地勢高的地方、城市西北方、大樓高處、餐廳、銀行、股票市場、證券交易所、經濟旺盛的地方、市場、學校、掌握權力或知識的地方、議會、政治權力中心。

市場經濟——代表旺盛、熱絡、不斷往上爬、大富大貴的狀況。

財務管理——代表計算能力不強，會超出預算，或好大喜功而太超過。

人體上——代表首級、頭部、左邊的肺、脊椎骨、脊髓、大骨，以及懷胎、懷孕。

疾病上——代表發燒、頭風、頭痛、高血壓、心臟病、腦溢血、腦中風、頭昏、肺病、氣管炎、大腸的疾病、便秘、皮膚病、免疫系統毛病、神經系統的毛病、突發重症、疱疹等等。

動物類——代表龍、獅子、老虎、鯨魚、大象、馬、赤色馬、良駒，體型龐大的動物。

植物類——代表常綠性高大植物樹木，如杉樹、松樹、柏樹，以及冬季仍有生命力的植物，以及樹木的果實，如松果等等。

一般物品類——代表圓形之物，會活動的物體、高價物、巨大的物體、鐵器、硬物、礦物質、寶石類、玉器、貴金屬、重金屬、齒輪、機械、鐘錶、鏡子等重要機能之物，大樓、汽車、貨幣、覆蓋物、食米，流通之物品、健康產品、收藏品、會膨脹變大之物品，如氣球、打氣充氣器、抽象物品、展覽品。

代表事務——活動力、繁忙、快樂、膽量、爭戰、競技、信仰、變大、充實、活躍、好動、健康、過份、政府、圓形圍繞、預算超支、借貸、大氣力、賺錢、自強不息、努力不懈。

代表顏色——為大赤色、正紅色。

生　子——得男，或長男。

2 ☷ 坤——為地、為母、為子母牛、為腹、為眾、為文、為柄、為大輿

代表意義：

季節上——以八卦配八方四時，坤方位在西南，於時為夏末秋初季節，萬物皆從大地取得養分而成長茁壯。此時為從農曆六月下旬大暑至八月上旬的白露節之間的二個月期間。

時間上——指下午未時（下午一時）至申時尾（下午三時）、酉時（下午五時）前。

氣候上——指陰天，無風靜止的天氣，指潮濕而滋養的天氣。

人物上——指百姓、臣民、民眾、母、妻、女、勞工階級、黎民、農夫、老婦人、性格溫順的人、無怨言的人、辛苦工作的人、做牛做馬的人、副主管、襄理、安靜沒意見的人、懶人、順其自然不想多管的人、上班族、下屬、工廠工人、吝嗇的人、沒有正式職權，但必須料理雜物之人。

天生性格與人際關係——代表性格溫順、懦弱，或外柔內剛、外表穩重，包容性強，不太會與人有衝突，會努力做自己以為對的事，慢慢地可獲得成功及富裕。凡事順天而行，腳踏實地，性格樸實，重傳統，做事不積極，易拖延，性格節儉吝嗇、做事方法少變化、不能變通，但做輔助的、層級不高的助理工作能受人信賴，能慢慢積蓄人脈或金錢而致富或通達。做事是剛開始競爭力不強，但長遠之後，集聚實力而能戰勝。

場　所——指低窪處、平地、低地、農田鄉野之地、鄉村、山間平地、故鄉、窮鄉僻壤、食堂、牧場、牛棚、盆地、車站、貨運站、染布坊、花布店、民眾集合場所、安靜的場所、醫院、黑暗的地方、黑色房子的地方、工作室、小鄉鎮、為家、為辦喪事場所、陶瓷場、窯洞、為花園、園圃、菜圃地、黃土地、女人多的地方，陰氣重的地方。

市場經濟——跌至谷底、靜止不動了、靠基本面苦撐，或靠本身內在資源在苦撐。

財務管理——代表吝嗇、不願意付出、只進不出、不願投資、會吸取別人的利益，只顧自己壯大，但不會和別人互通利益。財務積蓄多以土地為主，變現也不容易。

人體上——代表腹部、腹內腸胃、脾臟、包含五臟六腑、皮膚以及體肉的部份。

疾病上——代表腹內疾病，包括腸胃病、脾臟、肝臟、腎臟問題、消化不良。

動物類——指牛、小母牛、牝馬、家畜、黑色動物，和土地有關的蟻、虹蚓等等。

植物類——指大多數地面長出匍匐於地的植物，如蕨類、芋類、馬鈴薯、蘑菇、或爬藤類植物、草皮類植物、地下根莖類植物、甘藷、荸薺、蓮藕等。

一般物品類——代表四角方形之物、厚的物品、均等之物、靜態物品、柔軟物、能柔順變形之物品、布類、棉製品、綢緞、古董、房地產、土器、陶瓷器、鍋具、烹飪用具、鍋盆等容器、空盒子、日常用品、床上覆蓋的床單、被單、榻榻米、廉價物品、打成粉末的物品、化妝品、鞋子、藥品、粗食點心、粗米飯、果腹之物、粗糙醜陋的用具用品、大車、大卡車、火車等客運車。

代表事務——節儉、樸實、粗活、勞動力多的職業、營業買賣、傳統市場經營法、黑暗的事物、暗中參謀之物、靜態不動之事、陰沈及不快樂之事、死亡之事、吃飯之事、醫院療養之事、貨物運送、努力不懈、不求回報之事、吃悶虧之事、包容之事和婦女有關之事、懷孕之事，內在富有、暗中儲存之事，隱藏不公開之事。

代表顏色——為黑色、正黑。

生　子——為女，或為長女。

3 ☳ 震——為雷、為龍、為綠竹、為長子、為蒼色、為旉。

代表意義：

季節上——以八卦配八方四時，震方位在正東，於時為正春。春雷震動，萬物胚胎萌發有勃勃生機之時。正春季節桃花開，故為旉。此時為二月上旬驚蟄至三月清明之間的一個月間的時期。

時間上——指卯時（早晨五時至七時前）的時間。

氣候上——指晴天有春雷響，或大雷雨閃電的狀況，或有地震。

人物上——代表長子、年輕人、青年、為王侯、為主人、重要繼承人、聲音大的人、急躁的人、廣播人員、電力公司人員、彈奏樂器的人、或販賣及修理樂器的人、廣告宣傳人員、傳話的人、愛玩樂嬉笑的人、關係相連的人、千里馬型的人、善於奔跑的人、行動快速的人、強健有力的人、外出奔波忙碌的人。

天生性格與人際關係——代表性格急切、暴躁、不安份、做事急速、行動快速、為青春期的躁動。也會如青春期易顯露如春天桃花開放般的炫耀美麗、可愛。此時是陽氣奮出地面而成雷，故雄心萬丈、性格耿直，如青色的幼竹。內心有奮發向上、意氣風發之現象，但必先向下紮根、幼苗再破土而出往上長，才會茁壯。性格會衝動，勇往直前，有毅力，不計成敗，多吸取經驗。有年青人的特質、性格爽直、早熟、善交際、易沾惹桃花事件、初生之犢不畏虎、偶而易受誤解。

場　所——鐘樓、廣播大樓、瘦高的房子、竹林地、或位於竹林中的小屋、蘆葦蔓生之地，大馬路、車多急馳之路、桃花林地、剛種下莊稼的田地、玄黃之地、赤黑土相雜之地、蒼綠色之地、草木蕃育鮮綠之地、有麋鹿出現之地、有鳥獸出沒之地、聲音大的地方、吵鬧之所、舞廳、卡拉ｏｋ歌廳、音樂廳、演講廳、操場、球場、運動場、花圃、花園、高中以下之學校、幼稚園等地。

市場經濟——會上下變動迅速，最後會上升，會熱鬧非凡，但其中有驚險狀況。

財務管理——會積極投入發展，並用盡一切力量，廣為宣傳，大力敲打鑼鼓，使之發出驚人之聲音來引起大家注意，最後使財務繁榮，落入自己口袋。有奮鬥、有投機性。也有勇敢在其中。

人體上——代表行走的足，在人體內代表肝臟及神經系統。

疾病上——代表肝病或與聲音有關的喉頭炎、音帶發炎、手足神經系統的毛病、咳嗽、氣喘、腳氣病、風濕症、肌肉酸痛、足傷。

動物類——指龍、善鳴長嘶有聲的馬、或善奔馳的馬、麋鹿、鳴蟲。

植物類——指春天繁茂的草或矮樹、或蒼筤竹、青色幼竹、根莖叢生蔓延相連的蘆葦、正春的桃花、以及稻麥莊稼等物幼苗，剛萌芽的植物。

一般物品類——代表有聲音的物品，如收音機、電視機、炮竹、樂器、電鈴聲、電話、宣傳廣告車、煙火、樹苗、花苗、草皮、農作物、禾苗、快車、火箭、電車、子彈型快車、音樂盒、新潮物品、槍、新玩具。

代表事務——茂盛、繁華、快速發展、雷聲、奮鬥、希望、激動、大聲吵鬧、火災、電擊、速度感、勇敢、打靶、驚嚇的聲響或事物。

代表顏色——為青色（蒼色）、玄黃之色（赤黑相雜之色）。

生　子——為男、為長子、長孫。

4 ☴巽——為風、為木、為長女、為進退、為不果、為臭

代表意義：

季節上——以八卦配八方四時，巽方位在東南，於時為春末夏初，此時萬物在輕風吹拂下一片新鮮整齊的出現在地表之上，此時是從三月上旬的清明至芒種節，中間約有二個月的時間。

時間上——指辰時和巳時，是早上七時至十一時前的時段。

氣候上——指刮風、風大而不下雨的日子，有時也轉為微風。

人物上——指長女、妻子、工匠、性格剛直的人、商人、飄泊的人、旅遊者、客人、郵差、拿不定主意的人、猶豫不決的人、走遠路的人、額頭寬的人、有三白眼的人、髮色黑白相雜的人、隨從、舞女。性格溫和、多社交的人。喜歡發牢騷的人、信用不太好的人、易迷惑的人、推銷員、仲介人

員。商品促銷人員。浮華心意不堅的人。

天生性格與人際關係——代表性格、溫和，表面慈祥、善交際、應酬、行動機警敏捷、無孔不入、說話婉轉、很愛自我表現，但果斷力、意志力都不足。易好大喜功，或誤信別人，有時又耿直或剛愎用、性情不穩定，容易先失敗、再學經驗。或者會先估量輕重而不露聲色、見機行事。

場　所——為很長很遠的道路，四通八達的道路網、機場、車站、港口、商店、商場、服務處、郵局、電信局、郵筒、果園、木材場、高樓、瞭望台、氣象台、消防局、木工廠。

市場經濟——市場狀況不穩定，來來回回上下不停變動，易有下跌及損失狀況。

財務管理——代表心情一會兒易迷惑、一會兒又隨市場變化上下起伏，無法果決做出良好決定來正確的執行財務管理，理財能力不好，易輕率，並致信用受到置疑。

人體上——代表股、肝臟、大腸、呼吸道、氣管、喉嚨、食道。

疾病上——代表股傷、肝病、腸疾、感冒、狐臭、體臭、流行性疾病、氣管炎、時好時發作的病症。

動物類——代表雞、鳥、蛇、蝴蝶、舞鶴、鸛鳥。

植物類——果木、枸杞、白茅、會脫皮呈白色木幹的樹、白楊樹、柳樹，長得很高的樹、直樹，如松、柏、有氣味的樹，如尤加利樹、樟樹、漆樹等。

一般物品類——代表扇子、電扇、飛機、紙鶴、木製品、延長線、蚊香、芳香劑、風箏、風向儀、繩索、信件、電話、舶來品。

代表事務——交際應酬、寒喧、風土人情、飛行、聊天、臭氣、刮風、跳舞、溝通、跟隨、隨處停留、栽種果樹、行商走動、流行事物、新事物、變化多的事物、時強時弱的事物、又高又直的東西、侵入性事物。

代表顏色——為白色，木去皮而質白。

生　子——為女，為長女。

5 ☵ 坎——為水、為陷、為溝渠、為隱伏、為豕、為血卦、為勞卦

代表意義：

季節上——以八卦配八方四時，坎方在正北方，於時為正冬，此時萬物經歷春夏秋冬已疲勞衰老不堪，進入冬藏階段。此時是十月下旬大雪到十一月下旬小寒間的一個月的時間。

時間上——指子時（夜十一時至凌晨一時之間）。

氣候上——指雨盛水多時期，霜雪交加，寒氣逼人。

人物上——指中男，家中第二子、中間人、從中仲介的人、船員，在海上討生活的人，漁夫、哲學家、屬下、小學生、法律人員、法官、水利人員、兵器製造者、心疾病醫生、血管疾病醫生、水利局、舟車修理人員、強盜、小偷、孤兒、牢犯、有疑心病的人、酒徒、冒險家。

天生性格與人際關係——代表性格多疑、孤獨、有自己特殊想法、有

怪癖、不會變通、不夠圓滑、愛面子、頑固、勞碌、自傲、面惡、不討人喜歡、多思慮、反覆無常、有神經質、煩惱多、喜孤立、有秘密隱情、多計謀、有屬於自己的律法、會意氣用事。

場　所——有溝渠的地方、隱伏之所，或有溝渠在其下的房子、洞穴、水井、廁所、浴室、酒店、地下室、污水處理場、自來水場、湧泉地、暗室、內寢室、後門、北極、北極海、北方的地方、水源地、瀑布旁、大河流域、海中央、郵務、水閣、坑洞、水窪之地、宮殿。

市場經濟——不斷下跌，會至最低價格、賠本賣出。後果是有危險的。

財務管理——代表因為自己神經質、多疑、多煩惱，又懷有自己特殊的想法與意圖、意氣用事，而孤注一擲，資金而被套牢，最後慘敗。以最低價格，賠本了結，或血本無歸。此種財務管理之模式，基本上不適合投資，只適合做薪水階級，量入為出才好。

人體上——代表耳朵、血液、脊椎骨、下巴、臀部、子宮、婦女月事、腎臟、尿道、生殖系統。膀胱、肛門、肋骨。

疾病上——代表中耳炎、耳病、聽障問題、心病、憂鬱症、尿道炎、膀胱炎、腎臟病、出血、糖尿病、中毒、肝臟問題、盜汗、婦女病、月事不順、寒症、性病、痔瘡、脊骨彎曲、下巴脫臼、血液循環不良、臀部受傷、子宮出血、內膜易位、生殖系統有問題、輸卵管堵塞等等。

動物類——指豬，或海中魚貝類、或夜間出沒之動物。

植物類——指水中或溝渠裡所長之植物，如荷花、浮萍、水蓮、睡蓮，或蘿蔔、水仙花、水草、梅花、西瓜、叢棘、蒺藜、棗子、蔓藤。

一般物品類——代表液體或流質物品、牛乳、飲料、飲水、酒、湯汁、海菜、泉水、水晶、石油、彈弓、車輪、毒藥、毒品、筆、桎梏、手銬、破車、事故車、盜竊之贓物、尺、暗櫃、浴室用品、油類、鐵環、水塔。

代表事務——開創、勞苦、貧窮、孤獨、障礙、生病、煩惱、心急、隱藏、隱晦之事、暗病、幽會、私情、鎮靜、偷盜、法律、思考事情、計謀、黑洞、寂寞、奔波、疲勞、喪志、志向、宮殿、狡滑、疑神疑鬼、通達、磨損、破敗、棟樑、被困住、危險、暗夜、月亮、流血事件等等。

代表顏色——為血卦、為赤。坎為水，亦代表黑色。

生　子——得男，為第二子。

6 ☲ 離——為火、為日、為電、為中女、為戈兵

代表意義：

季節上——以八卦配八方四時，離方位在正南方，於時為正夏。此時

日光照曜，草木繁盛、鳥獸出動、互相接觸、一片繁榮景象。此時是五月上旬芒種至六月小暑的一個月期間，太陽照耀在北迴歸線上。

時間上——指午時（中午十一時至下午一時之間）。

氣候上——指大晴天，陽氣盛、乾燥之時。

人物上——代表中女、士兵、警察、大腹之人、脾氣火爆的人、外剛內柔的人、知識水準高的人、教師、愛美的人、藝術家、設計師、美容師、有學識的人、消防隊員、電力公司人員、作家、美目者、勝利者、時髦及流行人物、有老年癡呆症之人。

天生性格與人際關係——代表性情火爆、衝動、易發怒、注重外表華麗、美麗、內裡空乏。也是外剛內柔，但內心是空的。常因缺乏冷靜思考衝動行事失敗，有時表面開朗、明亮，但內心懦弱。偶而有先之明，求知慾強、重面子、好大喜功，如有貴人幫忙，也可以贏。

場　所——指明亮的地方，有火災的地方，或曾發生火災之處，電力公司、美容院、選美大會場地、文具店、學校、樹屋、軍營、兵甲庫、做木桶的店、劇場、圖書館、考場、蚌螺蟹龜養殖場、乾燥之地、燈塔、火力發電場、戲院、美術館、服飾店、珠寶店、裝飾店、美容手術醫院、公家機關、教育局、大學。

市場經濟——上漲至最高點，為突然爆漲、繁茂沸騰之現象。

財務管理——代表競爭激烈，會是因有先見之明，或是因發明東西或發現某種理論而發大財，但要小心暴起暴落的問題，以及持盈保泰的問題，會因為愛面子充闊綽而虧空或失敗。

人體上——代表眼睛、心臟和臉部，外表相貌、大腹、頭。

疾病上——代表眼疾、心臟病、腹內疾病，包括心、肺、胃、腎、肝、脾臟等，亦代表發高燒、燙傷、燒傷、內火、腸疾、便秘、血虛、頭痛、頭暈、心血管疾病。

動物類——指雉雞、隼、鶴、牡牛、黃牛、飛鳥、鱉、蟹、蚌、龜等硬殼動物。

植物類——指枝莖中空的植物，或開美麗妖艷花朵的植物，如竹、桃樹、牡丹花、楓樹等，或松、柏類木老枯槁而心空的樹。

一般物品類——代表太陽，代表中空的物品，如木桶、油桶、撲滿，代表光亮的東西，如燈、蠟燭、鏡子、火柴、打火機、點火器。代表美麗或裝飾的東西、珠寶、裝飾品、化妝品、眼鏡。代表文件與有知識的東西，如書、繪畫、古董、藝品、印鑑、票據、服裝、電視、電器品、美容用品、藥品，記錄用的東西，如照相機、簿子、文具、發光物、新發明的東西、美術手術用品、箭筒、弓箭、分手費、離別禮物、切割用的刀、刀槍、護甲、防彈衣、束腹衣、夜禮服等等。

代表事務——學問、知識、教育、先見之明、華麗、明亮、奪目、藝術、戰爭、兵器、容忍器度、切割、離別、愛美、爽朗、太陽、理想、表現、懦弱、卓越、輝煌、求知慾、失敗、發怒、善變、注重外表、愛現、記錄、光、交際手腕圓滑、名譽、好面子、發燒、暈眩、演戲、資料、假裝、裝飾、外部美麗、內裡空虛、射箭、放矢。

代表顏色——火紅色。

生　子——為女，或為中女，第二個女兒。

7 ☶ 艮——為山、為徑路、為小石、為門闕、為閽寺

代表意義：

季節上——以八卦配八方四時，艮方位在東北，於時為冬末春初。此時萬物因新陳代謝的關係，舊的生命停住了，新的生命又開始，往復生生不已。此時是從一月立春到二月驚蟄間的一個月之間。

時間上——指丑時至寅時到卯時前的時刻（凌晨一時至五時止）。

氣候上——指陰天，無風，草木不動的天氣。

人物上——代表少男、少東、繼承人、最小的兒子，家族中的人，僮僕傭人、王宮守門人、寺廟主持、皇親國戚、指點別人錯誤之人、剛直多節之人、警察、監察委員、頑固不變的人、守城人、飯店服務員、倉庫管理員、後繼者、尾隨者、砂石場工作人員、果農。

天生性格與人際關係——代表性格沈穩、悶聲不動、表面篤實、年紀幼小、為老么、性格驕縱、好勝心強、有手腕，但漸成長，而知以不變應萬變，且受父母長輩疼愛提攜、注重自我，如果能自我教育成功，堅持毅力，以退為進，堅守崗位，不屈不撓，未來會有大成就，否則會遭朋友、親戚排斥而被孤立失敗。

場　所——指山地、高山大岳、山上小徑、砂石場、城牆邊、門闕建築物、大門、出口、寺廟、倉庫、旅舍、庫房、城市、走廊、山路、樹木多節的樹林、城背面、小兒房、釀酒房、貯藏室、地洞、宿舍、休息室、嬰兒房、樓上、門邊。

市場經濟——停止不動、平盤、欲有後繼之漲勢。

財務管理——代表新的氣象或新的改革將開始，是一個轉戾點，暫時放下一切經營計劃，從新整理，檢討以前，展望未來，凡事起死回生，能再重新創造新的佳績。

人體上——代表手、手指、背部、皮膚、尾椎骨、鼻子、指節。

疾病上——代表手傷、背部疼痛、骨折、關節痛、皮膚病、尾椎骨受傷、指節彎曲、鼻子不通，或鼻傷、鼻炎、脾臟或大腸疾病。

動物類——指狗、鼠、豺狼、虎、狐，前面有黑色牙齒尖銳之動物。

植物類——指堅而多節，剛長長的樹木，生長期雖停止，但未枯朽。指桃樹、李樹、梨樹。指木實為果的樹，如蘋果、荔枝等，指果實為蓏的植物，如百合、芋類。

一般物品類——代表小石頭、房地產、山房、倉庫中之物品，山產物品、門飾、城門、寺廟擺設、廟簷風鈴、繼承物品、改良品、路燈、木製品、多節的物品、獵物、醃製品、小孩點心、傭人服飾、飯店物品、椅子、幼兒用品、平衡物、靜止物。

代表事務——親屬關係，繼承權、守家、靜止氣氛、改革事物、東山再起、停止、暫停、重整事物、退讓、暫存、慾望、高尚、寺廟、宗教、訓導、監察、復活、悶聲不吭、中止、制止、後來居上的競爭、鬥爭，剛開始看起來很弱沒能力，經過暗自努力而有成就。

代表顏色——黑色。

生　子——為少男，或為最小之兒子。

8 ☱兌——為澤、為少女、為巫、為口舌、為妾、為羊

代表意義：

季節上——以八卦配八方四時，兌方位在正西，於時為正秋。此時萬物皆成熟而喜悅。此時是從八月上旬白露到九月上旬寒露間的一個月之間的時間。

時間上——代表酉時（下午十七時至十九時之間）。

氣候上——陰濕多雨，天轉涼，多陰雨或陰時多雲。

人物上——代表少女、女巫、妾室、為妹、受刑人、小人、口舌之人、娼妓、吧女、藝人、懷喜悅之情的人、媚悅別人的人、順從者、諂媚之人、陪刑者、剛鹵之士、魚家女、濱澤維生的人。

天生性格與人際關係——代表性格爽直或剛直、鹵莽，會愛慕虛榮、易受誘惑、重情慾、機靈、有小聰明和小常識、愛表現、

愛享受、易聽小人之言、性格善變、意志力薄弱、常貪圖小的享受而甘願做妾，或做低下之工作，重色情，自滿於小的享受，上進心不足、成就不大、口才好、多是非、不正直。

場　所——沼澤地、河流吞吐口、水邊、巫壇、藏嬌之所、妹寢室、酒店、聲色場所、舞廳、飯店、飯廳、孔穴、窪地、養鳥屋、湖邊、河川地、濕地、放羊山地、曬穀場、監獄、受刑人工場、育嬰房。

市場經濟——物件價格低，因大家都在收成，物件多而賤價賣出。

財務管理——代表稍微賺了一點錢便講究享受，自滿於小成就，因目前是收割期，經濟狀況還好，但易受誘惑，或聽信人言，會因投資失利或好賭而失敗。

人體上——代表口、呼吸道、氣管、女性乳房或性器官、牙齒、穴位。

疾病上——代表口腔疾病、肺病、氣管炎、婦女病、性病、蟲牙、齒列不整、穴位診斷、傷災。

動物類——指羊、小鳥、溫順的動物，以及魚類、軟體的水產類。

植物類——指秋天之植物，如葛、荻、桔梗、芒草等。

一般物品類——代表陪嫁品、玩具、游泳圈、羊肉、易折斷之物、附屬品、祭壇用品、紙幣、錢、交換物、食物、少女用品、性愛用品、鎖、封套、禮品、珠寶、甜食、美味食品、賭具、美容物品。

代表事務——金融事務、利息錢、經濟事物、口才、口舌是非、新戀情、色情事務、中止、折斷、半途而廢、彎曲、封住、套住、高興、喜悅、妖艷、甜言蜜語、媚惑、做妾、不名譽的事、投機取巧的事、輔頰之事、為常有之事。

代表顏色——白色、灰白色。

生　子——為女、為少女，為最小的女兒。

如何用偏財運來理財致富

法雲居士⊙著

偏財運會創造人生的奇蹟，
偏財運也會為人生帶來財富，
但『暴起暴落』始終是人生中的夢魘。

如何讓暴發的財富永遠留在你的身邊，如何用一次接一次的偏財運增高你的人生格局。

這本『如何用偏財運來理財致富』就明確的提供了發財的方法和用偏財運來理財致富的訣竅，讓你永不後悔，痛快的過你的人生！

紫微屋相學

法雲居士⊙著

人有面相，房屋就有『屋相』。
人有命運，房屋也有命運。
具有好命運的房子，也必然具有好風水與好『屋相』。

房子、住屋是人外在環境的一部份，
人必須先要住得好、住得舒適，為自己建造好的磁場環境，才會為你帶來好運和財運。
因此你住了什麼樣的房子，和為自己塑造了什麼樣的環境，很重要！

這本『紫微屋相學』不但告訴你如何選擇吉屋風水的事，
更告訴你如何運用屋相的運氣來為自己增運、補運！

8 六十四卦序列表

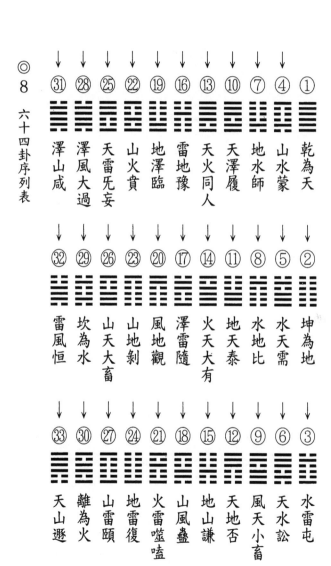

① 乾為天
② 坤為地
③ 水雷屯
④ 山水蒙
⑤ 水天需
⑥ 天水訟
⑦ 地水師
⑧ 水地比
⑨ 風天小畜
⑩ 天澤履
⑪ 地天泰
⑫ 天地否
⑬ 天火同人
⑭ 火天大有
⑮ 地山謙
⑯ 雷地豫
⑰ 澤雷隨
⑱ 山風蠱
⑲ 地澤臨
⑳ 風地觀
㉑ 火雷噬嗑
㉒ 山火賁
㉓ 山地剝
㉔ 地雷復
㉕ 天雷旡妄
㉖ 山天大畜
㉗ 山雷頤
㉘ 澤風大過
㉙ 坎為水
㉚ 離為火
㉛ 澤山咸
㉜ 雷風恒
㉝ 天山遯

◎簡易實用靈卦．易學

↓ ㉞ ䷡ 雷天大壯　↓ ㉟ ䷢ 火地晉　↓ ㊱ ䷣ 地火明夷

↓ ㊲ ䷤ 風火家人　↓ ㊳ ䷥ 火澤睽　↓ ㊴ ䷦ 水山蹇

↓ ㊵ ䷧ 雷水解　↓ ㊶ ䷨ 山澤損　↓ ㊷ ䷩ 風雷益

↓ ㊸ ䷪ 澤天夬　↓ ㊹ ䷫ 天風姤　↓ ㊺ ䷬ 澤地萃

↓ ㊻ ䷭ 地風升　↓ ㊼ ䷮ 澤水困　↓ ㊽ ䷯ 水風井

↓ ㊾ ䷰ 澤火革　↓ ㊿ ䷱ 火風鼎　↓ (51) ䷲ 震為雷

↓ (52) ䷳ 艮為山　↓ (53) ䷴ 風山漸　↓ (54) ䷵ 雷澤歸妹

↓ (55) ䷶ 雷火豐　↓ (56) ䷷ 火山旅　↓ (57) ䷸ 巽為風

↓ (58) ䷹ 兌為澤　↓ (59) ䷺ 風水渙　↓ (60) ䷻ 水澤節

↓ (61) ䷼ 風澤中孚　↓ (62) ䷽ 雷山小過　↓ (63) ䷾ 水火既濟

↓ (64) ䷿ 火水未濟

從六十四卦卦象來看：每卦都是由兩個三畫卦上下重疊組成，這代表萬事萬物都是由兩個具體的物件相互之間來發生關係與聯繫的。

再從六十四卦的符號結構來看：例如第一卦乾（䷀）和第二

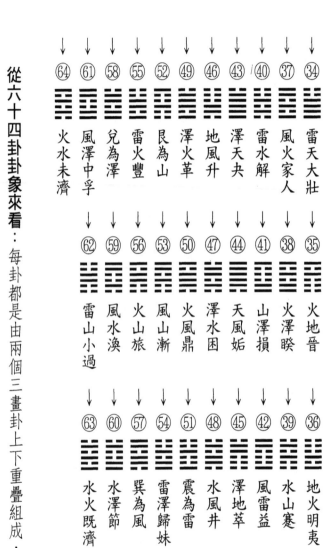

卦坤（䷁），或第三卦屯（䷂）或第四卦都是以兩付卦為一組，非反即對（不是相反的卦，就是對應的卦）。

例如乾（䷀）與坤卦（䷁）稱之為『對卦』，兩卦的爻畫為陰陽相互對應的關係。例如屯（䷂）與蒙（䷃）卦，稱之為反卦，兩卦的爻畫為相反的畫法。

並排在一起，你就會觀看得十分清楚了。

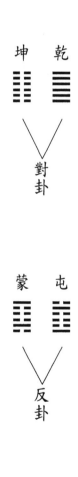

六十四卦之卦序按照爻畫非反即對的方式進行編排。以體現世界上之事物有一個固定的規律，即是凡事都有陰陽這兩個對立面相互統一及相反相成。所以六十四卦，也就是六十四個事物運動變化的規律模式和模型了。

◎8 六十四卦序列表

六十四卦每一卦中的自身結構會產生爻變，用以表達反映事物變化運動的過程，這像沙盤推演一樣，把事情從客觀的角度，從發展形成到變化內容，全都模擬出來了。並用『**六爻**』與『**六位**』的關係，以『**承**』、『**乘**』、『**比**』、『**應**』，和『**時**』、『**位**』、『**中**』來評比，形成一套，解決事物的模式原則。因為八卦的方式有很多種，因此不得不在此先講明卦象的組成方式和卦與卦間的相互關係。有時卜卦時，卦象出來了，有時也要考慮到對卦和反卦的意思，相互推敲而成論事之依據。

※『承』、『乘』、『比』、『應』、『時』、『位』、『中』的意思是：

承、乘、比、應，是一卦設『六位』，要看每一爻（爻畫）是否當位，是否相應。是否為剛爻在陰爻之上，為當位。反之則為不當位。反之則凶，又初爻（一爻）、三爻、五爻為陽位。二爻、四爻、上爻（六爻）為陰位，上下卦之內卦與外卦之間，初爻與四爻相應，二爻與五爻相應，三爻與上爻（六爻）相應，此為相應之位。如果初爻為陽位出現陰爻，而初爻與四爻相應，而四爻也是陰爻，即為不相應。也稱『敵應』，則不吉了。剛對剛、陰對陰，都是不相應。

隔體曰『應』，相鄰曰『比』。卦位上，初爻與二爻相比，指相鄰。三爻與四爻為內卦與外卦之隔體，則不能相比。相比之位的二爻是陽與陰為相比，如果是陽與陽或陰與陰則不相比。另外『時』指時間，『位』指『時位』，是事物變化的階段，以一卦六個爻畫為六種『時位』。『中』是指陰陽相『中』而『和』。是陰陽剛柔得中正、中和之位而相應相合之意。

（欲研究《易經》卦義，此部份應該熟記）

◎8 六十四卦序列表

9 八宮卦變解析

六十四卦將之分類解析，可分為八個卦象組群，因此稱為『八宮』。這是以六個純重卦為各宮變動的開始起點，再按照爻變的原則，由初爻（一爻）往上變至第五爻，再回復變至第四爻及下卦，則可得八個純重卦所衍變出來的八個卦象組群，這就是八宮變化的由來。上爻（六爻）不變，為宗廟。此為『京房易』之稱法。京房易十六卦變：『**自初至五不動復，下飛四往伏用飛，上飛下飛復本體，便是十六變卦例**。』當爻變進行到第四爻，即外卦的第一爻變了時，『京房易』稱做『下飛』，或『下飛四往』。

1 乾宮（屬金）所屬的八個卦象

1. ䷀ 乾為天（純乾卦）此為本宮各卦變動的開始點。
2. ䷫ 天風姤（初爻變）
3. ䷠ 天山遯（第二爻變）
4. ䷋ 天地否（第三爻變）
5. ䷓ 風地觀（第四爻變）
6. ䷖ 山地剝（第五爻變）
7. ䷢ 火地晉（回來第四爻變，為『下飛四往』，上爻不動為宗廟）
8. ䷍ 火天大有（下卦全變）

2 兌宮（屬金）所屬的八個卦象

1. ䷹ 兌為澤（純兌卦）此為本宮各卦變動的開始點

2. ䷮ 澤水困（初爻變）

3. ䷬ 澤地萃（第二爻變）

4. ䷞ 澤山咸（第三爻變）

5. ䷦ 水山蹇（第四爻變）

6. ䷎ 地山謙（第五爻變）

7. ䷽ 雷山小過（回來第四爻變，為『下飛四往』，上爻不動為宗廟）

8. ䷵ 雷澤歸妹（下卦全變）

3 離宮（屬金）所屬的八個卦象

1. ䷝ 離為火（純離卦）此為本宮各卦變動的開始點
2. ䷷ 火山旅（初爻變）
3. ䷱ 火風鼎（第二爻變）
4. ䷿ 火水未濟（第三爻變）
5. ䷃ 山水蒙（第四爻變）
6. ䷺ 風水渙（第五爻變）
7. ䷅ 天水訟（回來第四爻變，為『下飛四往』，上爻不動為宗廟）
8. ䷌ 天火同人（下卦全變）

4 震宮（屬木）所屬的八個卦象

1. ䷲ 震為雷（純震卦）此為本宮各卦變動的開始點
2. ䷏ 雷地豫（初爻變）
3. ䷧ 雷水解（第二爻變）
4. ䷟ 雷風恆（第三爻變）
5. ䷭ 地風升（第四爻變）
6. ䷯ 水風井（第五爻變）
7. ䷛ 澤風大過（回來第四爻變，為『下飛四往』，上爻不動為宗廟）
8. ䷐ 澤雷隨（下卦全變）

5 巽宮（屬木）所屬的八個卦象

1. ䷸ 巽為風（純兌卦）此為本宮各卦變動的開始點
2. ䷈ 風天小畜（初爻變）
3. ䷤ 風火家人（第二爻變）
4. ䷩ 風雷益（第三爻變）
5. ䷘ 天雷無妄（第四爻變）
6. ䷔ 火雷噬嗑（第五爻變）
7. ䷚ 山雷頤（回來第四爻變，為『下飛四往』，上爻不動為宗廟）
8. ䷑ 山風蠱（下卦全變）

6 坎宮（屬水）所屬的八個卦象

1. ䷜ 坎為水（純兑卦）此為本宮各卦變動的開始點
2. ䷻ 水澤節（初爻變）
3. ䷂ 水雷屯（第二爻變）
4. ䷾ 水火既濟（第三爻變）
5. ䷰ 澤火革（第四爻變）
6. ䷶ 雷火豐（第五爻變）
7. ䷣ 地火明夷（回來第四爻變，為『下飛四往』，上爻不動為宗廟）
8. ䷆ 地水師（下卦全變）

7 艮宮（屬土）所屬的八個卦象

1. ䷳ 艮為山（純兌卦）此為本宮各卦變動的開始點
2. ䷕ 山火賁（初爻變）
3. ䷙ 山天大畜（第二爻變）
4. ䷨ 山澤損（第三爻變）
5. ䷥ 火澤睽（第四爻變）
6. ䷉ 天澤履（第五爻變）
7. ䷼ 風澤中孚（回來第四爻變，為『下飛四往』，上爻不動為宗廟）
8. ䷴ 風山漸（下卦全變）

8 坤宮（屬土）所屬的八個卦象

1. ䷁ 坤為地（純坤卦）此為本宮各卦變動的開始點
2. ䷗ 地雷復（初爻變）
3. ䷒ 地澤臨（第二爻變）
4. ䷊ 地天泰（第三爻變）
5. ䷡ 雷天大壯（第四爻變）
6. ䷪ 澤天夬（第五爻變）
7. ䷄ 水天需（回來第四爻變，為『下飛四往』，上爻不動為宗廟）
8. ䷇ 水地比（下卦全變）

10 易經六十四卦解析

1 ䷀ 乾為天 乾下乾上——飛龍在天

乾：元亨利貞。

初九：潛龍勿用。九二：見龍在田，利見大人。九三：君子終日乾乾，夕惕若，厲无咎。九四：或躍在淵，无咎。九五：飛龍在天，利見大人。上九：亢龍有悔。用九：見群龍无首，吉。

解釋：

乾天的陽剛之氣是萬物的本源，是萬物之首，天地間因陰陽二氣交合而生萬物，唯有天間的陰陽之氣中和、和合、相互統一，才能使萬物的生命及屬性持續存在與不毀滅、夭折，大和乃『利』，保合乃『貞』。

如果有變爻時，**初爻的陽爻變了**，就像龍潛藏於水中，還未發揮作用，變化還沒顯現出來。**二爻的陽爻變了**，『見龍在田』為陽氣見於地，引申為大德大才的人經過潛藏修養後出來，將德業普施於民，可大有作為了。**三爻的陽爻變了**，君子為有德行的人，每天自強不息、行事不息，時時刻刻警惕自已，唯恐有危難之事發生，這樣才可沒有過錯。**四爻的陽爻變了**，乾陽之氣或有德之人在經過洗鍊及矛盾鬥爭的過程之後，繼續往上發展，有如龍的躍起或在淵潭之中，是進退皆可自如的。**五爻的陽爻變了**，乾陽之氣已發展鼎盛，象徵大德之才之人已登上高位而有作為。**上九為六爻的陽爻變了**，龍已飛到高度的極致，是陽極則生陰，故不可能長久，一定會轉變的。**用九即九之用，為六爻全變**，乾坤對轉，陰陽易位，乾卦轉為坤卦，天道的規律是永無終止的。『見群无龍首吉』為以陽剛之氣用龍來代表，六陽爻為六條龍，在循環轉化為坤卦的過程中，凡是卦以初爻為尾，上爻為終又為首（為頭），變化到首而終，易經中首字皆訓『終』。此句以能為象徵所代表的乾陽之氣變化是不會終止的，這樣是吉的。

乾卦應事判斷吉凶

1. **運氣**：代表陽氣盛，會快樂、心情好、事事如意、順利、名利皆有，但要小心自我的道德警惕，切勿得意忘形或樂極會生悲，勿驕傲，以免滿招損而失敗。
2. **願望**：可運成，但須防驕兵必敗，須低調虛心一點。
3. **財運**：極佳。要防平常沒意到的小事耗財。
4. **求職**：能遇見貴人，求職成功、有好表現。
5. **生意開張**：大吉。有好的開始。
6. **改行或變動**：以不變應萬變，保持現狀較好。
7. **外出或交涉**：吉。但要用才能得大利。
8. **考試**：考運好、成績好、分數高，小心驕傲及志得意滿仍會失敗。
9. **尋人**：未必能找到，因此人正忙碌熱衷於某些事情上，難聯絡。宜

◎簡易實用靈卦・易學

10. **失物**：宜向西北方高處尋找，多花時間，會找到。向西北方去尋找。
11. **旅行**：出門吉利。
12. **戀愛運**：可遇見好對象，但要防男性有大男人主義而有裂痕。
13. **婚姻運**：可成功，但要防過於理想化，而事與願違。
14. **子女運**：可生男。
15. **天氣**：晴朗。
16. **股市、期貨買賣**：上漲，但要防漲得太高。
17. **房地產市場**：狀況佳，但要小心買到最高價。
18. **貴人運**：外出能遇見貴人給予幫助，貴人層級高，但勿貪心奢求太多。

有變爻時的吉凶判斷

＊**初爻變**：『潛龍勿用』，龍潛於水中，還未發揮作用，時機未到，需再多等待一會兒。

＊二爻變：『見龍在田』，陽氣上升，能出人頭地，大有作為，且有朋友或貴人相助。

＊三爻變：要努力自強不息，做事低調，小心謹慎，可保平安。

＊四爻變：『或躍在淵』，先舒活筋骨，未來可活躍及運動自如，進退有據。

＊五爻變：『飛龍在天』，可自由發展至高位，沒有阻礙。

＊上三爻變：『亢龍無悔』運氣至最高點有開始下滑的現象，要小心會漸漸沒落失敗。

＊六爻全變：為用九。乾卦的對卦為坤卦，乾卦轉為坤卦，由陽轉陰，乾坤對轉，陰陽易位，這樣的過程是非常吉利的，代表安全的轉移變化。此處用在某些卜卦式法須要查看對卦時做判別用的。

2 坤為地 坤下坤上 ——順從的雌馬

坤：元亨，利牝馬之貞。「君子有攸往，先迷後得主。利，西南得朋，東北喪朋。」安貞吉。

初六：履霜，堅冰至。六二，直方大，不習无不利。六三：含章可貞。或從王事，无成有終。六四：括囊，无咎，无譽。六五：黃裳，元吉。上六：龍戰于野，其血玄黃。用六：利永貞。

解釋：

坤陰元始之氣是陰氣始凝結，坤是地，是萬物取自它而生形體，它也總是順從和配合天的乾陽之氣而運動，像馬一樣一牡一牝，一陽一陰，一剛健一柔順，坤陰只有保持順從乾陽以形成對立面的統一，才能有利於萬物的生成，加子要搶先行動，會有違於坤陰的順從之道，就會迷失方向，因此要後於乾陽而動，順從而行才對。君子人如果往西與南方向去，可找到陰性的同類，無主可事從。如果往東及北方向去，會失去陰性的同類，但陰會從陽而得主，因此能形成陰陽對立及統一，能安靜固守這些坤陰的行事法則，最後仍會得到吉祥順利的。『西南得朋，東北喪朋』，又做『西南得明，東北喪明』。此坤卦指月亮，在初三日至初八日之間，月出於西至正南方。至二十七、八日，月亮在東北方下去沒有了。這是月亮盈虧的現象，也是吉祥的。

初六（初爻的陰爻）動：陰與陽開始凝結成一體，與如堅冰一般的乾陽之氣相遇。**六二**（陰爻的二爻）動：代表陰氣隨陽氣而動，然後生萬物，此乃本性，不需學習做作，一切自然發生，無所不利且無所不動，這是坤陰的大能力與大作用。**六三**（陰爻的三爻）動：代表會有章美之德，內斂不隨便彰顯出來，待時而動。即使有王者命令之事，會順從的工作，表現合於體制和身份、地位，不敢專美於前。**六四**（陰爻的第四爻）動：代表像封閉囊袋之口一樣，勿言勿動，唯謹慎才可無災咎，也無美譽至。**六五**（陰爻的第五爻）動：身體上部之服稱衣，下部之服稱裳。黃帝、堯、舜垂衣裳而天下治，故『黃裳元吉』，代表已發展至旺盛期居於尊位，但仍表現於卑下溫順的態度而大吉。**上六**（最上的陰爻）動：為坤陰與乾陽相互排斥和抗爭是發生在一卦的最終的上爻，因是與乾陽的抗爭，故稱『龍戰』。上爻居此卦位的極外之地，故稱野。玄為天之色，黃為地之色，此時天地陰陽相混已雜亂分不出顏色了，已發展到窮極之地。**用六**（六爻全變）：六之大用在於可變為九。坤卦變成乾卦，同時乾卦也變為坤卦，組成新的統一體和新的局面。

坤卦應事判斷吉凶

1. **運氣**：順從長者，或順應時勢是唯一的選擇，保持現狀，維持低調，凡事不可搶先，否則必有災咎。多與女性接觸較佳。
2. **願望**：暫時無法達成，要漸次的、內斂的，先用柔順的方式，再耐心勤勞的工作，有恆心必能成功，不能性急，否則會失敗。
3. **財運**：為儲蓄之財、正財、勤勞工作之財為主，勤儉儲蓄積少成多而能主富。不宜投資，凡事要多計劃、慢慢來。
4. **求職**：尚須等待時機，不會馬上有工作。
5. **生意開張**：要等待時機，不宜倉促行事。
6. **改行或變動**：暫時不能變動，以防不吉。
7. **外出或交涉**：不吉，要小心目的無法達成。
8. **考試**：成績普通，在上榜邊緣，宜再加一把勁，才能成功。
9. **尋人**：要向西南方找，或是從西南方往回找，才能找到。他會隱藏在某處，不容易找到，逆向來找才可能找到，也會多花一點時間才找到。
10. **失物**：易掉在溝渠、田間或低窪的地方，宜朝西南方找。或到西南方逆向回來找。
11. **旅行**：最好三思後再出門。不急最好不去。
12. **戀愛運**：用溫柔體貼可打動對方，但須多花一點時間。
13. **婚姻運**：有可能成功，但彼此有一方必須是柔順懦弱之人。
14. **子女運**：生女。胎兒多，可能是雙胞胎。

15. **天氣**：陰多雨。
16. **股市、期貨買賣**：下跌很低，可逢低買進，未來看好。
17. **房地產市場**：房地產價值不高，要等待時間。
18. **貴人運**：貴人潛藏，不肯出面，或貴人身份低，無力。

有變爻時的吉凶判斷

＊**初爻變**：如寒冬冰雪至，須靜伏、養晦、默默耕耘，以等待春天轉暖。

＊**二爻變**：順其自然，配合天時運作，全都會成功。

＊**三爻變**：要言行內斂保守，隱藏自己的才德，凡事不專美於前，努力工作，以等待時機而行動。

＊**四爻變**：要緊閉嘴巴、勿言勿動、謹慎小心，但求無過。

＊**五爻變**：雖靜靜的站上高位，仍要表現謙和尊卑的態度而大吉。

＊**六爻全變**：一切痛下決心，『龍戰于野』，做全盤的改變。

3 ䷂ 水雷屯 震下坎上 ——山雨欲來

屯：元亨。利貞。勿用有攸往，利建侯。

初九：磐桓，利居貞，利建侯。六二：屯如邅如，乘馬班如。匪寇，婚媾。女子貞不字，十年乃字。六三：即鹿无虞，惟入于林中。君子幾不如舍，往吝。六四：乘馬班如，求婚媾，往吉，无不利。九五：屯其膏，小貞吉，大貞凶。上六：乘馬班如，泣血漣如。

解釋：

屯卦為產難之卦，下震上坎，代表天地交合之後坤體中有了孕育，生產時有危險。下震上坎，坎又為雨，震為雷，又代表大地之間為欲雨未雨，雷雨的氣氛充滿天地之間，這種狀況為自然界生物的開始，也代表人類文明的開始，有一段雜亂、天下無序，教化未興的時刻，唯有建立侯國定萬邦，才能安寧天下百姓。

初九：初爻為險難剛開始，陽剛居下位，謙卑能得到眾望所歸，待時而動，而能建國定邦，救民出險。**六二**：第二爻為陰爻，也不具備出險濟難的條件，欲進又止，不敢前進，又退回來，如女子守貞不許嫁，等候了十年才返歸常道。**六三**：如同打獵獵鹿，無人帶路，只能在林中跟在野獸後面跑而一無所獲。君子人如果能預先考慮這種情形，就應該捨棄獵物而不追趕，因為再追也是捕獵不到，而帶來悔恨、窮困而已。**六四**：此時仍為陰柔之爻，雖仍無力救濟險難，欲進又止，但往下求助相應的陽剛之氣，同心協力，則出險之日是指日可待，無所不利了。**九五**：膏為雨，只要屯積雨水膏澤不降下來，險難仍不能解除，是小吉，若落下便凶。尤言處理小事可獲吉，處理大事不免於凶。**上六**：此為屯卦之終，卦體全變了，險難已除，一切通達，但又流淚不止，以至於出血，這是心切於出險又悲痛的樣子。

屯卦應事判斷吉凶

1. **運氣**：凡事為開創期，須要經過無數的陣痛、苦難，歷經萬險，再加上多忍耐與努力，以及要和人合作，最後能浴火重生，成立大業。

2. **願望**：必會經歷磨難，好事多磨，要有堅定信心，最後才會成功。

3. **財運**：暫時不佳，收錢拖拖拉拉，要經過很長一段時間，努力打平才行，而且易窮又耗財了。

4. **求職**：暫時無機會，因外界狀況在改變形態。

5. **生意開張**：暫時不宜，因外在條件還未完成。

6. **改行或變動**：暫時不宜，困難重重，要等待時機。

7. **外出或交涉**：會被事情拖延，而進入僵局，交涉不成，也不宜外出。

8. **考試**：成績不佳，心情鬱悶不想唸書。

9. **尋人**：找不到。對方波折多，歷經困苦而消失。宜從北向東找。

10. **失物**：目前你是眼睛矇矓看不見它，要很辛苦的找它，才能找到。如果拖延不找，會落入外人之手。宜從北向東找。

11. **旅行**：旅程多辛苦，且經歷複雜，發生的事情多，亦會拖延時日。

12. **戀愛運**：愛情不順利，會辛苦、曖昧不明，需有很大的耐心及誠意，時間又拖得很長，最後才有成功希望。
13. **婚姻運**：會經過千辛萬苦才能結婚，須有耐心及誠意才會成功。
14. **子女運**：主生男，分娩時有大出血及痛苦。
15. **天氣**：陰雨、雷雨，經過很長的時間，才會晴。
16. **股市、期貨買賣**：不佳。整理很長一段時間。
17. **房地產市場**：不佳，交易狀況停滯不前。
18. **貴人運**：貴人不顯。

有變爻時的吉凶判斷

＊**初爻變**：要小心謙卑，聚集民心，待時而動。
＊**二爻變**：蹉跎、反覆來回，欲進又止，等待時機到來。
＊**三爻變**：要有熟人帶路才能進行，否則宜放棄。
＊**四爻變**：要謙卑，不恥下問，向低層求助，有希望。
＊**五爻變**：氣氛仍鬱悶，做小事吉，做大事則凶。

＊六爻全變：有變則通，險難解除，痛定思痛。

4

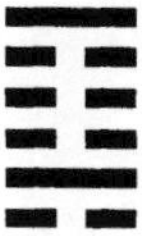

山水蒙 坎下艮上 ——啟蒙的幼童

蒙：亨。匪我求蒙，童蒙求我。

初筮告，再三瀆，瀆則不吉。則貞。

初六：發蒙，利用刑人，用說桎梏，以往吝。九二：包蒙吉，納婦吉，子克家。六三：勿用取女，見金夫，不有躬，无攸利。六四：困蒙，吝。六五：童蒙，吉。上九：擊蒙，不利為寇，利禦寇。

解釋：

蒙卦是說物體初生之時，還很蒙昧弱小幼稚。

蒙卦的卦相是屯卦的反轉，坎在下，震變為艮。代表弱小無知的蒙童，如能教化傳授知識給他，便能開通其思想。這不是我去求教於他，而是蒙童來求教於我。就像在占卜中，一占不信，繼續再二占、三占，為心不誠，會褻瀆神明，神明就不會回答問題了。也就是說如果來求教的蒙童對於一個問題一問再問，這表示其人不專心，就不如不講了。一再告訴他，反而是褻瀆教職工作，這樣才行。

初六：管教不守規矩的小孩蒙童，可利用刑具嚴格處罰一下，小懲大誡以防未來犯大錯而桎梏加身。如果姑息發展，就十分危險。**九二**：如果教育好這個孩童，將來他能主持家事，與家立業，結婚傳子。**六三**：用昏庸的女子去比喻蒙童，如果娶見利則投奔的女子，是有害的，也用來說明蒙童投師不正，也有害。**六四**：無處投師去開始啟蒙教育，得不到師長教化，是羞吝之事。**六五**：虛心求教，對師長的教化欣然接受於心中，是非常好的事。**上九**：嚴師對待稚弱的蒙童做嚴酷的打擊則不佳，應該分辨那些是虛心受教的兒童，順其自然之性而教化，因人施教，才會順利。

蒙卦應事判斷吉凶

1. **運氣**：此時運氣尚矇矓不明，須要多瞭解、分析、多得知識與資訊，等待事情稍微明朗化一點時，再行動，此時煩惱正多，求知慾能幫你解決煩惱。
2. **願望**：目前還不能達成，先求得知識，再待時機到來。
3. **財運**：目前不順，多累積財訊知識，未來才可能賺大錢。
4. **求職**：無法立即有機會，多累積知識與考取證照，未來才會有好機會。
5. **生意開張**：不行。要多瞭解及搜集市場情報，再做打算。
6. **改行或變動**：暫時不行，宜靜心等待及收集市情報。
7. **外出或交涉**：暫緩，阻礙重重，會與先前的想法或雙方觀念有出入。
8. **考試**：成績差，程度差很遠。
9. **尋人**：該人為矇懂無知，容易迷失之人，不易找回，即使找到了，也勸不回，要向東北方去找。

10. **失物**：失物不易找回，它被某物覆蓋了，須花很多時間才行，方位為東北方。

11. **旅行**：不吉，途中多麻煩出現，凡事不順，會影響心情，宜再多加計劃，三思而後行。

12. **戀愛運**：不樂觀，雙方文化水準與環境差很多。

13. **婚姻運**：不順利。彼此之文化水準與環境差很多，雙方不明瞭，易受騙。

14. **子女運**：主生男。會受子女連累，要小心子女教養問題。

15. **天氣**：陰天有厚雲。

16. **股市、期貨買賣**：很低，一直在整理，沒進展。

17. **房地產市場**：很低，交易狀況停滯不前。

18. **貴人運**：貴人運少，不顯。

有變爻時的吉凶判斷

*初爻變：要小心有處罰及嚴格警戒的事，不可大意。
*二爻變：能教育子女成功、成家立業。
*三爻變：不吉，走偏路了。
*四爻變：不吉，遇事碰壁，無貴人。
*五爻變：很吉，欣然接受教化、聽話。
*六爻全變：因人施教方會順利，要會辨別好壞。

5 ䷄ 水天需 乾下坎上——等待渡河的人

需：有孚，光亨，貞吉。利涉大川。

初九：需于郊，利用恒，无咎。九二：需于沙，小有言，終吉。九三：需于泥，致寇至。六四：需于血，出自穴。九五：需于酒食，貞吉。上六：入于穴，有不速之客三人來，敬之終吉。

解釋：

需卦的卦義為『等待』，待時而前進，因為有坎險大河橫在前面，要先入險才能出險。『有孚、光亨、貞吉』為誠實信守光大，固守不動的等待，則吉。等待時候對了，才能橫渡大川涉險成功。

初九：等待在城外野之地，發揮知險不動的耐心，能無災咎。**九二**：等待於河邊的流沙之地，已和水有些接觸磨擦了，最後還是吉順的。**九三**：等待於泥濘之地，將浸溺水中，很危險了，要注意不要去招引失敗，要謹慎才行。**六四**：坎為血卦，為隱伏。隱伏即穴象。此句為等待已久，知涉險時機已到，便順而聽命，渡過坎險了。**九五**：等待並用酒食待賓客，很吉。**上六**：指下卦乾體的三陽應該入居於上卦的坎位。需卦處於當變之時，接納乾體的三人（三橫劃），需卦就反轉變為訟卦了。此是需卦當爻變至最上、極至則當全變了。接納變了最終為吉。

需卦應事判斷吉凶

1. **運氣**：要等待時機到來，先要忍得住、守得住，一步一步的小心靠近，漸次努力，最後才能成功。
2. **願望**：暫時無法達成，須有計劃的等待，漸次完成願望。
3. **財運**：剛開始不佳，漸次努力，情況會好轉，最後終能賺到錢。
4. **求職**：暫時無法成功，耐心等待時機，必能出現轉機。
5. **生意開張**：暫時不適合，宜多等待一些時日。
6. **改行或變動**：暫時不適合，宜等待時機再動。
7. **外出或交涉**：要小心謹慎，先瞭解內情才能行動。
8. **考試**：考試過程中，起先到中段皆不佳，最後一堂會有反轉變化。
9. **尋人**：會拖很多才能突然找到，要向西北方去找。
10. **失物**：會拖很久才能找到，要向西北方去找。
11. **旅行**：暫時不適合，需等待一段時日轉好。
12. **戀愛運**：對方很會拖，戀愛不明顯，要多瞭解對方為佳，以免受騙。

13. **婚姻運**：會拖很久才結婚。會愛情長跑，耐心等待，會有好結果。
14. **子女運**：主生男。晚生子，會拖很久才生小孩。
15. **天氣**：起先為陰天，後又轉為雨天。
16. **股市、期貨買賣**：盤整很久，又下跌。
17. **房地產市場**：很低，交易狀況停滯不前。
18. **貴人運**：要等很久，貴人遲遲不出現。

有變爻時的吉凶判斷

＊**初爻變**：到郊外鄉下靜伏等待，能躲避災難而安全。

＊**二爻變**：吉。但心流砂、漩渦、以及剛接觸的危險。

＊**三爻變**：要謹慎，以防招惹失敗，或被拖下水。

＊**四爻變**：等待已久的時機到了，下定決心衝過難關。

＊**五爻變**：用人際關係、招待賓客的方法，最吉。

＊**六爻全變**：堅持等待於最後，奮而一轉變，接納了全部的改變，是最終之吉。

6 天水訟 坎下乾上 ——爭鬥打官司

訟：有孚，窒惕，中吉，終凶。利見大人，不利涉大川。

初六：不永所事，小有言，終吉。九二：不克訟，歸而逋，其邑人三百戶无眚。六三：食舊德，貞厲，終吉。或從王事，无成。九四：不克訟，復即命渝。安貞吉。九五：訟，元吉。上九：或賜之鞶帶，終朝三褫之。

解釋：

訟卦卦義雖是論及爭鬥、爭訟，但仍以爭訟非善事，為終凶。主張緩合爭鬥，並保持對立面的平衡是最佳的。

訟卦上乾下坎，乾為剛，坎為險，代表內懷險陷之心，外表剛硬，必爭訟。爭訟時，內有實理，不是不可爭訟的，但忿怒充塞其心，小心畏懼爭訟之事，能做到適中而止不逞剛強，終於得吉。爭訟為結怨之事。雙方皆為敗者，結果都是凶。爭訟必須經過中正不偏袒，剛正嚴明的大人來決斷，以平息訴訟。爭訟時，雙方人心相背，互不相親，不會同舟共濟，故不利一起涉險渡河。

初六：這場爭訟不能長久打下去，只能做一些小小的言語爭辯，是非曲直已清楚明白了，這就是吉了。**九二**：不爭訟而逃避是正確的，其小國三百戶族人就無災了。**六三**：能夠安分守住平常有的奉祿而不妄求、妄動，雖處於是非之地，最終仍得吉。或是做王者所派之事不居功，始終退讓不與人相爭，也就不會爭訟了。**九四**：不堅持爭訟到底，少言而在理，緩合情緒，改變態度，反歸於正理，爭訟自然平息而平安無所失了。**九五**：九五爻居中正之位，代表能以中正之道斷案，能是非分明，達到中和不相爭，為大吉。**上九**：由於爭訟獲勝，得到一條大腰帶的賞賜以顯榮耀，但一日間反反復復，三次被剝奪。言明爭訟有得、有失，獲勝很榮耀，然而羞辱也隨之而至。

訟卦應事判斷吉凶

1. **運氣**：運氣不佳，多是非口舌，小心不可與人爭執，必不利，宜謙和退讓，好好解釋，最後能平安。
2. **願望**：多阻礙、爭執，無法如願。
3. **財運**：不佳，有人阻礙，易爭訟、失財、耗財。
4. **求職**：不成。有人來相爭，引起是非而無法成功。
5. **生意開張**：不適合。有阻礙及是非而開不成。
6. **改行或變動**：不適合。宜待機而動，因有是非障礙來排除。
7. **外出或交涉**：有是非、阻礙，易失敗。也不適合外出。
8. **考試**：分數低或沒應考。因中途有是非或麻煩而影響情緒和考試。
9. **尋人**：找不到。易因爭吵而離開，並有危險。宜向西北方及險難之地尋找。
10. **失物**：會打官司也找不回。
11. **旅行**：途中多是非麻煩、障礙，不宜旅行。

12. **戀愛運**：雙方多爭執，或雙方皆愛講話，無法協調，易分手。
13. **婚姻運**：雙方有爭執、是非、不易成功。
14. **子女運**：主生男。生產過程不順利、多是非。
15. **天氣**：天氣陰雨不定，很壞。
16. **股市、期貨買賣**：不佳，有是非爭執發生，易跌停。
17. **房地產市場**：不佳，易有是非爭執，或打官司，勞民傷財。
18. **貴人運**：你認為的貴人不見得幫你。幫你的貴人又會為你帶來是非。

有變爻時的吉凶判斷

＊**初爻變**：做小的協調即可，不可做大訴訟，否則遭災。
＊**二爻變**：退讓謙卑可保平安。
＊**三爻變**：保守一點，不妄求、妄動，謙讓不相爭，會平安吉利。
＊**四爻變**：謙讓不爭訟，緩合情緒，使是非平息。
＊**五爻變**：中正、公平、不相爭，大吉。

＊六爻全變：爭訟得勝，也有失，得失之間很嚴重，有後遺症。

7 ䷆ 地水師 坎下坤上 ——興師動眾出征

師：貞，丈人吉，无咎。

初六：師出以律，否臧凶。九二：在師中，吉无咎，王三錫命。六三：師或輿尸，凶。六四：師左次，无咎。六五：田有禽，利執言，无咎。長子帥師，弟子輿尸，貞凶。上六：大君有命，開國承家，小人勿用。

解釋：

師卦是講興師動眾去出征，講軍旅中興師與行師雙層之事物。此為古代戰術思想。

統帥一支師出有名、名正言順的軍隊去出征，必能獲勝，王業天下歸一，因而得吉，無不順。**初六**：以軍樂鼓舞士氣，代表紀律，亦為作戰號令，以節制進退。軍樂演奏的不好，失律則凶。**九二**：於中軍統兵作戰，君王三次賜命嘉獎其戰功，得到榮寵，是吉無災悔的。**六三**：如果統帥了敗兵，用大車載屍體而回，主凶，可見此人不得任用為統帥。**六四**：非主力的偏師部隊，退守某地不動，以保持實力，這不算過失。**六五**：有禽鳥野獸來害我的莊田，除掉它為行正道，是沒錯的。古時君主常派長子為主帥帶軍作戰，並非帥才不佳，而是如果帶軍之後戰敗，載屍而還，這就非常凶了。**上六**：行帥終了，得勝回朝，國君論功行賞，立大功者，封國為諸侯，立小功者，賜命有家為大夫。小人有才無德，即便立了戰功也不能錄用，給一些金帛就可以了。小心他會掌權作亂。

師卦應事判斷吉凶

1. **運氣**：須辛苦打拚爭戰，注重領導方式，才會成功。成功後並要論功行賞，才會真吉順。
2. **願望**：須先努力排除萬難，或先立功，才有好處能達成願望。

3. **財運**：先付出努力及血汗，拚命打拚才有錢。
4. **求職**：競爭激烈，不易成功。除非有專門領導性特質，才行。
5. **生意開張**：競爭激烈，不適合。
6. **改行或變動**：不宜，競爭激烈，無法行動變化。
7. **外出或交涉**：除非有方法壓制對方，否則會失敗，也不宜外出。
8. **考試**：成績不理想，分數低，很吃虧。
9. **尋人**：因家中爭戰而出走者，不易找回。外人朋友較有機會找到，但你必須孚眾望。尋找方向從西南到北方一帶。
10. **失物**：因雙方搶奪，故不易找回。
11. **旅行**：途中會發生險阻之事，或有戰爭、糾紛、不宜。
12. **戀愛運**：雙方家族相互有爭執，產生問題，結果不佳。
13. **婚姻運**：雙方家族或夫婦間有爭執，感情不佳。
14. **子女運**：主生女。子女中女多於男，為子女辛苦奔忙。
15. **天氣**：一會陰，一會兒雨，變化不停。
16. **股市、期貨買賣**：有是非爭執、相互拔河，暫時不會有好消息。

17. **房地產市場**：有爭戰、是非，房市不穩。

18. **貴人運**：貴人不顯，主帥不見。

有變爻時的吉凶判斷

＊**初爻變**：注意節制和紀律、失律則凶。

＊**二爻變**：有戰功得到榮譽，大吉。

＊**三爻變**：小心失敗，會換人做主帥。

＊**四爻變**：以退為進，保持實力，可無過失。

＊**五爻變**：主管沒有戰略方法而失敗，導致損兵折將，就要換掉。

＊**六爻全變**：賞罰分明，有功的要獎賞，要提防小人作亂。

8 ䷇ 水地比 坤下坎上 ——親近相互幫助

比：吉，原筮，元永貞，无咎，不寧方來，後夫凶。

初六：有孚比之，无咎，有孚盈缶，終來有它吉。六二：比之自內，貞吉。六三：比之匪人。六四：外比之，貞吉。九五：顯比，王用三驅，失前禽，邑人不誡，吉。上六：比之无首，凶。

解釋：

比卦是論親比，也是講陰陽的統一，但發展到一卦的最終時，陰陽對轉乾坤易位了。

相互親比即能相互幫助，則吉。再行筮求卦，一筮成內卦，再筮外卦，因此六爻全部揭曉，得出此卦。此卦終始皆善（指初爻和上爻），不變不回，則相親比之道無怨咎了。不安寧之時才能來親比，婦人後比其夫，後幫助其夫，為凶。**初六**：比卦的六爻，皆以親比九五而得吉，初六爻與九五爻親比是通過六四爻間接實現的，因此有四爻吉。**六二**：是指六二爻居內卦下體，以柔爻居陰位得內卦下體之中，和九五剛爻居外卦上體之中位，彼此相比，不須借外力相比，這是吉的。**六三**：六三爻之應爻在上六，與九五無應比關係。因此它孤獨無人親比，令人哀傷。**六四**：是講六四爻居外卦上體，九五爻也居外卦上體，又在六四之上，故稱『外比之』，這種狀況主吉。**九五**：深明親比之道，例如君王打獵設圍，左、右、後三面圍起來，而前面開道，禽獸包圍在圈中，由打獵的人來射取，禽獸由前面開口跑掉了，也不追捕，以示天子有仁愛之心。這有如自己莊邑中的百姓，不用告誡便會自然而然的與主人親比，是受感化的結果，這是主吉。**上六**：陰陽不能永遠統一，會轉向對立，由正變反，這就是凶了。

比卦應事判斷吉凶

1. **運氣**：與他人親密相處與相互幫助，從開始到最終都是好的，為萬事吉祥之兆。
2. **願望**：有親密的人，會幫助你達成。
3. **財運**：財運不錯，會和朋友相互比較及幫助而更增財運。
4. **求職**：有密友介紹工作，是好工作。
5. **生意開張**：生意大吉，和氣生財。

6. **改行或變動**：吉，有人幫助，變動或改行成功。
7. **外出或交涉**：須先向對方展示親和力才會成功。
8. **考試**：因和氣、氣氛好而考試順利，分數高。
9. **尋人**：放鬆心情，順其自然，便能尋到，從北方往西南方找。
10. **失物**：對人和藹可親，就可找到，從北方往西南方找。
11. **旅行**：心情佳，遊興好。
12. **戀愛運**：欲擒故縱可成功。
13. **婚姻運**：為成功的婚姻，夫妻間會相互幫助、和睦。
14. **子女運**：主生男，兒女多，聽話乖巧、體貼。
15. **天氣**：時晴時雨，濕氣重。
16. **股市、期貨買賣**：上漲，會分批輪流上漲。
17. **房地產市場**：市場狀況熱絡，看房地產的人多。
18. **貴人運**：有親和力及願意幫助人就能招貴人幫助自己。

有變爻時的吉凶判斷

＊初爻變：會藉由第三者帶來好消息。

＊二爻變：彼此親近，不須靠外人，自家人就會幫你。

＊三爻變：無親近的人幫忙，易孤獨、哀傷。

＊四爻變：吉，外面地位更高的朋友與你親近，會帶來利益。

＊五爻變：有仁愛之心，用感化的效果，更能得人親近和幫助。

＊六爻全變：陰陽對立，態度改變，主凶。

9 ☴ 風天小畜 乾下巽上 ——密雲不雨

小畜：亨。密雲不雨，自我西郊。

初九：復自道。何其咎，吉。九二：牽復，吉。九三：輿說輻，夫妻反目。六四：有孚，血去，惕出，无咎。九五：有孚攣如，富以其隣。上九：既雨既處，尚德載。婦貞厲，月幾望，君子征凶。

解釋：

小畜卦以一柔畜五剛。畜字包含畜止和積蓄兩種意思。全卦只有四爻為陰爻，其它全為陽爻，故是陽剛畜止，陰柔在積蓄。小畜卦是陰爻較小，又能聚合，又能畜止，又能儲蓄，以小蓄大，屬吉利。雲層密佈雨不降下，沒有降雨的可能。

初九：此爻與六四為正應，動則遇六四被畜止，又退歸本位。為順時義而止，沒什麼不好的，屬吉。**九二**：此爻也受到牽制不得不返回本位，接受蓄止，也屬吉。**九三**：指九三陽爻與六四陰爻的關係，一陰一陽，有如夫婦，但陽爻好動，有如丈夫愛外出遊玩，妻子制止，而夫妻反目。**六四**：六四爻承九五爻，相互親比信任，故稱有孚，所以能去掉憂慮及恐懼，而無過失災咎。**九五**：指九五爻與六四爻相互親比信服，二者連在一起不可分離，稱『有孚攣如』。陽為富，陰為不富。此卦下部有三剛爻，全被六四爻一個陰爻所畜止，為不獨富。**上九**：前面密雲不雨，長期積蓄雨而達到積滿雨的結果。陰柔積蓄到很強，又必與陽剛抗爭，表示陰陽將要發生轉向對立，因此君子會有所懷疑。

小畜卦應事判斷吉凶

1.**運氣**：運氣悶，不開，烏雲密佈，雨不下來，期待未來雲開見日。
2.**願望**：有阻礙擋著，暫時無法達成。
3.**財運**：有阻礙，不能進財。
4.**求職**：希望渺茫。
5.**生意開張**：不吉，生意難做。
6.**改行或變動**：不吉，稍緩再看看。
7.**外出或交涉**：情況不樂觀，徒增煩惱。
8.**考試**：不吉，成績不佳，煩惱多考不好。
9.**尋人**：因家庭問題而失和離開，找不到。應從東南方往西北方找。
10.**失物**：不用的東西積太多蓋住而找不到。
11.**旅行**：前有風雨阻擋，不適宜。
12.**戀愛運**：感情有問題，男性受到牽制，易爭吵反目。

13. **婚姻運**：情況不樂觀，男方受制，易夫妻反目。
14. **子女運**：主生女。為子女奔忙勞碌。
15. **天氣**：陰，多雲，最後會下雨。
16. **股市、期貨買賣**：不佳，下跌。
17. **房地產市場**：不佳，市場停滯，氣氛不佳。
18. **貴人運**：無。看不見貴人。

有變爻時的吉凶判斷

* **初爻變**：要順應時機，動不得就回歸本位，仍吉。
* **二爻變**：受到牽制要聽話，仍吉。
* **三爻變**：不吉，小心陽盛陰衰而夫妻反目。
* **四爻變**：相互信任，才能無恐懼與憂慮，打平中吉。
* **五爻變**：相互信服，一起主富。
* **六爻全變**：陰盛陽衰，凡事要有所懷疑，不吉。

10 ☰☱ 天澤履 兌下乾上 ——踩到老虎尾巴

履：履虎尾，不咥人。亨。

初九：素履往，无咎。九二：履道坦坦，幽人貞吉。六三：眇能視，跛能履，履虎尾，咥人凶。武人為于大君。九四：履虎尾，愬愬，終吉。九五：夬履，貞厲。上九：視履考祥，其旋元吉。

解釋：

履卦卦義為踐履執禮，崇尚謙卑和順，宜柔不宜剛。履卦與小畜卦為對卦，小畜為止，履為行。

用和悅的態度去對待陽剛的人，就像用溫柔的態度對待猛虎，即使踩了牠的尾巴也沒被咬傷，這是最好的辦法。

初九：做平素所做之事，不輕舉妄動，沒得吉，也無過失。**九二**：以禮來律已，踐履執禮，走平坦大路，堂堂正正，不受外界影響自亂陣腳為很吉。**六三**：瞎了一隻眼睛，還自認視力很強，瘸了一條腿，還自認很能走路，踩到老虎尾巴被虎咬傷，就像武士為報效君王，不顧敵我的強弱，奮死不怨。**九四**：踩到虎尾會恐懼害怕，最終為吉。**九五**：言行果決，思想主觀、武斷，如此專橫豈能無危險。**上九**：執禮踐履，堅持到底，最後旋歸能得大善之終，有福有慶。

履卦應事判斷吉凶

1. **運氣**：運氣正在困難凶險之中，要用耐心和溫和柔順的態度來因應才會吉利，否則不吉。
2. **願望**：無法達成，要溫和忍耐來等待。
3. **財運**：不佳，且要小心耗財太凶。
4. **求職**：須耐心等待，競爭者太凶。
5. **生意開張**：環境不允許。
6. **改行或變動**：須等待時機再動，環境不允許。
7. **外出或交涉**：要以柔克剛，用溫和勸說的方式才行。

◎簡易實用靈卦．易學

8. **考試**：中等。要小心翼翼才不會出錯。

9. **尋人**：該人會剛愎自用而發生危險，欲速找到，以免太遲。宜從西北往西方找。

10. **失物**：往西北方找，用心想一下，可找到。

11. **旅行**：途中有危險，或想法與情況不符，不宜。

12. **戀愛運**：須一直處於溫和柔順的態度才能繼續，但一有變化便失敗。

13. **婚姻運**：男強女弱，如能容忍，多忍耐，仍為佳偶。

14. **子女運**：主生女。會為子女勞碌。

15. **天氣**：晴轉陰。

16. **股市、期貨買賣**：會上下起伏，小心損失。

17. **房地產市場**：不穩定，小心損失。

18. **貴人運**：要溫和謙卑才會有貴人。

有變爻時的吉凶判斷

＊初爻變：不輕舉妄動，不吉也不凶。
＊二爻變：固守本分，堂堂正正，勿亂陣腳，為吉。
＊三爻變：小心不要自不量力，才能無危險。
＊四爻變：要懂得害怕，而小心謹慎才最好。
＊五爻變：太主觀，武斷會有危險。
＊六爻全變：用禮堅持到底，會得大吉。

11 ䷊ 地天泰 乾下坤上 ——上下通達

泰：小往大來，吉，亨。

初九：拔茅茹以其匯，征吉。九二：包荒，用馮河，不遐遺，朋亡，得尚于中行。九三：无平不陂，无往不復，艱貞无咎。勿恤其孚，于食有福。六四：翩翩，不富以其鄰，不戒以孚。六五：帝乙歸妹以祉，元吉。上六：城復于隍。勿用師，自邑告命。貞吝。

解釋：

泰卦卦義為通達。一復一反預示泰極當變。和下則否卦為對卦。泰卦卦象：乾天本來應在上面，而居於下，坤地本應在下而居於上位，乾坤二位相互交換位置，由對立而達成統一，乾為大、坤為小，相互往來相通，這是吉利亨通的。**初九**：例如拔茅草，根鬚連帶在一起全都拔起來了，有連動的效果，算是吉的。**九二**：泰卦包容廣大，發揚了天地相互交通上下往來之義。**九三**：有平就有坡，無坡就無平，有往就有來，不往就沒有來，在天地的交際之處，泰極會變否，否極會變為泰，無常泰，天下事沒有是平穩發展而無顛簸的。這是自然定律，能瞭解就自然有福了。**六四**：自已樂於下退，居於卦之下體，不待告誡便高興誠心的去對應陽爻。預示泰卦將轉變為否卦。**六五**：殷紂王之父殷高宗嫁其女於周文王，為帝乙歸妹，屈尊下嫁，平其所願是有福的，非常吉。**上六**：城牆倒了，牆土又填塞在原來的地方，天命亂了，正處於變革期，自然規律秩序被打亂了，泰卦變成否卦。

泰卦應事判斷吉凶

1. **運氣**：運氣大好，好事盈門，一切通達、快樂。
2. **願望**：有順利達成，很快樂。
3. **財運**：特佳，一切通達，無往不利。
4. **求職**：順利成功。
5. **生意開張**：大吉，興隆。
6. **改行或變動**：吉。先瞭解狀況、通路而動。
7. **外出或交涉**：會順利，先瞭解狀況可行。
8. **考試**：吉，成績優良，唸通了。
9. **尋人**：可找到。由與其有連帶關係的人之處來找，會成功。方向：由西南向西北方向找。
10. **失物**：可找回，在某種硬物之上。由西南向西北找。

◎簡易實用靈卦．易學

11. **旅行**：平安順利通行。
12. **戀愛運**：心情開朗、情意相合，對方位置比你低。
13. **婚姻運**：順利，屈尊下嫁，夫妻和睦。
14. **子女運**：主生女。子女眾多，很快樂。
15. **天氣**：晴而有雨，很舒適。
16. **股市、期貨買賣**：佳，會上漲。
17. **房地產市場**：佳，交易熱絡。
18. **貴人運**：佳。有連帶關係的人會成為你的貴人。

有變爻時的吉凶判斷

＊**初爻變**：吉。有連帶關係更吉。
＊**二爻變**：包容力大，多往來為吉。
＊**三爻變**：守自然規律，就有福。
＊**四爻變**：懂得謙卑退讓，則吉。
＊**五爻變**：屈尊。屈就都是有福的事。吉。

＊六爻全變：改革、變化、還原，會有陣痛期。

12 ䷋ 天地否 乾上坤下 ——閉塞不相往來

否：否之匪人，不利君子貞，大往小來。

初六：拔茅茹以其匯，貞吉，亨。六二：包承，小人吉，大人否，亨。六三：包羞。九四：有命，无咎，疇離祉。九五：休否，大人吉。其亡！其亡！繫于苞桑。上九：傾否，先否後喜。

解釋：

否卦卦義為閉塞，陰陽隔絕不相往來。否卦為下坤上乾，乾為陽剛，代表君子。坤為陰柔代表小人。否卦為小人得勢，政治混亂危亡之時，君子若顯露其才必遭嫉迫害，故處於否塞之世，體會天地上下不交之象。

初六：拔一株茅草連根鬚都連帶拔起了，因為初六爻主要在於與此卦上體的九四爻陽剛相對應，但處於否塞之初，還不具備條件，故只有固守下方為相應之理。**六二**：本來六二陰爻應受九五陽爻對應包容，又因處於否塞之時，九五陽爻為大人，若包容則會為『亂羣』而陰陽相混合成一體了。只有不包容，才能呈現天地陰陽對立閉塞不通，待時而通。所以說：大人不包容，是好的。**六三**：六三陰爻取悅上九爻來包容自己結為一體，但上九閉塞，不肯包容，使六三遭到羞辱。**九四**：天命的變化已發展到可能會相通了，因此，本卦體上部的陽爻都有了福慶的兆頭。**九五**：否卦到了第五爻，閉塞不通已經到了盡頭該休止了，大人則得吉，但還未完全擺脫否塞之境，大人仍應有戒慎之心。**上九**：否卦否塞，最後轉為泰卦泰通，轉化在傾刻之間，上乾與下坤調換了位置，終於轉成泰卦。

否卦應事判斷吉凶

1. **運氣**：閉塞不通、沈悶、問題叢生，更要小心小人作亂，須謹慎忍耐等好運轉來。

2. **願望**：不能達成，宜忍耐等待。
3. **財運**：不佳。沒機會，也沒智慧，等過一段時間才會好。
4. **求職**：暫時沒希望，宜另找出入。
5. **生意開張**：不宜，暫時忍耐，以免損失。
6. **改行或變動**：不宜，暫時忍耐，不可妄動。
7. **外出或交涉**：對方緊閉大門，你無從交涉，外出也不吉。
8. **考試**：成績不好，頭腦閉塞，宜再考一次。
9. **尋人**：因無法溝通而不易尋到，要隔一段時間再找。
10. **失物**：找不到，被別人藏起來了。
11. **旅行**：不適合旅行，旅程中有阻礙、交通不通的狀況。
12. **戀愛運**：不順，被拒於千里之外，相互也不能溝通。
13. **婚姻運**：不順，不能溝通而失敗。
14. **子女運**：主生女。與子女間不能溝通。
15. **天氣**：差，晴轉陰雨。

16. **股市、期貨買賣**：不佳，會停市、停盤。

17. **房地產市場**：不佳，跌停或停止交易。

18. **貴人運**：無。貴人不來。

有變爻時的吉凶判斷

＊**初爻變**：固守卑微的位置，等待時機。

＊**二爻變**：運氣不佳，待時而通。

＊**三爻變**：小人諂媚，易遭羞辱。

＊**四爻變**：否極泰來，通順有福。

＊**五爻變**：改革變通，仍要小心誡慎為佳。

＊**六爻全變**：轉化快速，由凶變吉。

13 ䷌ 天火同人 乾上離下 ——爭相示好相親近

同人于野，亨。利涉大川。利君子貞。

初九：同人于門，无咎。六二：同人于宗，吝。九三：伏戎于莽，升其高陵，三歲不興。九四：乘其墉，弗克攻，吉。九五：同人，先號咷而後笑，大師克，相遇。上九：同人于郊，无悔。

解釋：

此卦卦意為與人相親同心同德。此卦下部為離（☲），上部為乾（☰），象徵『君子』內懷文明之德，外行中正之道，乾乾不息，致力於與人親和，而盡大同之道。就是遇到危險也能克服而亨通。

初九：表示初九陽爻一出門便與六二陰爻相遇，並不是出於自己之意去求親和，又有誰會去責難呢？故是無錯的。**六二**：六二爻相應的是九五爻，象徵先把自己宗族中致力大同，超過宗族則不好，這是用心偏狹的鄙吝之道。**九三**：是指九三爻是質剛易莽動，它和九五爻兩剛相敵來爭奪六二爻。便有伏兵在林莽，度德量力三年都不能採取行動。**九四**：表示九四剛爻也有攻取之意，但九四居陰位只能用柔，也因為它處於窮困之地而能自省不去攻取了。而得大同之義，這是吉的。**九五**：表示九五爻與六二爻為正應，但中間有九三、九四相隔，以致不能相遇，所以先號啕大哭。但二者必能相親同和，故又破涕為笑。這也是與師戰勝的結果才相遇的。**上九**：表示上九爻在一卦之終，猶如處如郊外，人在曠遠之地遇人則親，求相親和之心更切，但又被其他的爻隔絕而有志未得伸。

同人卦應事判斷吉凶

1. **運氣**：吉。注意人際關係、廣結人緣，世界大同，凡事皆會如意。
2. **願望**：能達成，用與人同心同德的方法來達成。
3. **財運**：不錯。用人際關係來賺錢。
4. **求職**：用人緣和親和力能成功。

5. **生意開張**：吉。生意興隆。
6. **改行或變動**：吉。廣結人緣能改行、變動佳。
7. **外出或交涉**：吉。剛開始有危險，用人緣和親和力後來會成功。
8. **考試**：吉。成績不錯。
9. **尋人**：朋友幫忙找會找到，方向：從西北向南方找。
10. **失物**：在朋友處，他會歸還。
11. **旅行**：旅程中能交朋友，能得到幫助。
12. **戀愛運**：相互疼愛，會成功。
13. **婚姻運**：夫妻很匹配，性格相合。
14. **子女運**：主生男。子女多，相和樂。
15. **天氣**：晴朗。
16. **股市、期貨買賣**：熱絡上漲，一片榮景。
17. **房地產市場**：熱絡的榮景。
18. **貴人運**：到處都是貴人來和你相親和。

有變爻時的吉凶判斷

*初爻變：鄰居示好，自然而然有親和力。
*二爻變：吉。兼善天下更好。
*三爻變：量力而為，靜守較好。
*四爻變：吉。以柔克剛，安靜而世界大同。
*五爻變：先苦後樂，努力打拼才有好結果。
*六爻全變：求同和而有志未得伸，宜靜守。

14 ䷍ 火天大有

乾下
離上

——不大其所有，不自私

大有：元亨。

初九：无交害匪咎，艱則无咎。九二：大車以載，有攸往，无咎。九三：公用亨于天子，小人弗克。九四：匪其彭，无咎。六五：厥孚交如，威如，吉。上九：自天祐之，吉无不利。

解釋：

大有的卦義為大其所有。表示是不大其所有，才能有其大有。大有全卦五個剛爻對一個柔爻相感應。上下相應和，群陽為陰所有，故為大有。陽為大，陰為小，大者為小者所有，是小者大其所有，故卦名為大有，這是非常亨通的。

初九：不涉及利害，就無災。唯有艱守不動，才能無害。**九二**：此爻以剛爻居陰位，與六爻為正應，有如大車之材強壯，能載重物，自然能走遠路而不毀敗。言其能任重致遠，這是無災害過失的。**九三**：表示是九三陽爻居正位，是外臣將大有之物奉獻給天子而不私有。這種奉獻只有守正的大臣才會做，如果是小人居此大臣之位就不能，會私吞。**九四**：表示大臣自知會減損其所有而歸之於君王，因此『無過失』。**六五**：表示君王能推誠相交於大臣而得助，但君王無威儀便不自重，故要稍具威儀又很平易近人，為吉。**上九**：得天助順乎天道來尊上賢人，是大吉無不利的。

大有卦應事判斷吉凶

1. **運氣**：非常吉。任重道遠，無私才會更好。
2. **願望**：吉。小心謹慎，能更快達成。
3. **財運**：極佳。不自私，能吃苦，財更多。
4. **求職**：順利成功，能遇有威嚴又平易近人的老闆。
5. **生意開張**：吉。先打折扣再正式營業能賺大錢。
6. **改行或變動**：吉。任重道遠，小心應付。
7. **外出或交涉**：吉。注重禮儀、肚量，會成功。
8. **考試**：成績不錯。要守禮。
9. **尋人**：有金錢與色情糾葛，火燒眉毛了，要快找，以免尋不著，方向以南方向西北找。
10. **失物**：由南方向西北找，可找到。
11. **旅行**：順利，可滿載而歸。
12. **戀愛運**：會因相貌美麗而受吸引，注重外表，但能成功。

13. **婚姻運**：大吉，能找到家世好、富有之人論婚姻。
14. **子女運**：主生女。子女未來成就好，但小心溺愛會吃虧。
15. **天氣**：晴朗，下午易轉陰。
16. **股市、期貨買賣**：佳。上漲，尾盤會下跌。
17. **房地產市場**：佳，交易熱絡，但後市不看好。
18. **貴人運**：有輩份高或富有之貴人。

有變爻時的吉凶判斷

＊**初爻變**：靜守，無利害，才吉。
＊**二爻變**：任重道遠，肚大能容，才無過失。
＊**三爻變**：不吉。不能自私，否則遭災。
＊**四爻變**：自我謹慎，才能無過。
＊**五爻變**：吉。推誠相交，又平易近人為吉。
＊**六爻全變**：大吉。得天助，順其自然。

15 ䷎ 地山謙 艮下坤上 ——謙虛退讓

謙：亨。君子有終。

初六：謙謙，君子用涉大川，吉。六二：鳴謙，貞吉。九三：勞謙，君子有終，吉。六四：无不利，撝謙。六五：不富以其鄰，利用侵伐，无不利。上六：鳴謙，利用行師征邑國。

解釋：

謙卦卦義為謙退。能以謙退不自滿的方法，延緩對立的凶惡而得利益。因滿招損謙受益，故謙有亨通之意。位尊而能謙退，位卑而能不逾禮，這兩點是君子終身能做到的。

初六：謙而再謙退，君子用此修養的美德，能歷險而平安，為吉。**六二**：指其謙退的聲名遠近馳名，長久固守無不吉。**九三**：有功勞還很謙虛，君子終身能固守此道，為吉。**六四**：不圖謀謙退美名，不敢承當謙退美名，則無不利。**六五**：言此爻周圍鄰居皆為陰爻，柔弱謙退，威嚴不足，利用侵伐去征不服，自然不怕不利，而無不利了。**上九**：內心想謙退而不能謙退，內心憂恨而鳴，用剛強武力在自己的邑國來自治，並非去征討他人，未得謙退之道。

謙卦應事判斷吉凶

1. **運氣**：需謙讓能得利益，萬事亨通，吉。
2. **願望**：吉，謙退誠實能達成。驕傲會失敗。
3. **財運**：佳，謹慎退讓，錢財更多。
4. **求職**：謙和以對，有希望。
5. **生意開張**：吉，用親和力、童叟無欺，能遠近馳名。
6. **改行或變動**：吉。不可太自滿，要謙虛。
7. **外出或交涉**：吉。要謙虛以對。
8. **考試**：吉。成績不錯，但要謙虛，多檢查一遍，以免出錯。
9. **尋人**：其人自己冷靜反省後會出現，方向在西南和東北這條對角線上。

10. **失物**：自己會出現。方向在西南和東北這條對角線上。
11. **旅行**：吉順，宜謙和謹慎而行。
12. **戀愛運**：吉。對方是謙謙君子，能相親相愛。
13. **婚姻運**：吉。對方很清高、誠實、謙虛，你可積極一點。
14. **子女運**：主生男，子女謙和。
15. **天氣**：柔和舒服，晴朗。
16. **股市、期貨買賣**：小漲。
17. **房地產市場**：有小幅上漲。
18. **貴人運**：吉，有謙和之人相助。

有變爻時的吉凶判斷

* ＊**初爻變**：吉，謙和歷險轉平順。
* ＊**二爻變**：吉。固守謙和名聲好。
* ＊**三爻變**：吉。有功自謙，大吉。

＊四爻變：吉。謙虛不敢當，則吉。

＊五爻變：用陰柔方式攻擊別人，會有是非，無不利，但也無吉。

＊六爻全變：自我報怨，自我反省，多煩惱。

16 ䷏ 雷地豫 坤下震上 ——雷聲歡動

豫：利建候行師。

初六：鳴豫，凶。六二：介于石，不終日，貞吉。六三：盱豫，悔，遲有悔。九四：由豫，大有得，勿欵朋盍簪。六五：貞疾，恆不死。上六：冥豫，成有渝，无咎。

解釋：

豫卦卦義為安樂。豫卦震在上、坤在下，九四爻以一剛爻統領眾柔爻為一卦之主。代表天下事順文明之理而動則安，動又和順則樂，天地間的運動都是順著這個客觀規律在運動的，何況是建國封侯行師作戰之事呢！也是更順理而行才會順利成功的。

初六：此爻為陰爻居位不得位，又是豫卦的開始，本身不安樂，但與九四爻相應和，九四為陽爻，故稱鳴豫。自己不樂，而以滿足他人之樂而樂，故凶。**六二**：是說六二有保守、像疆界之石那樣堅定不動搖，遠離安樂不待日終，堅守中正之道而得吉。**六三**：以媚顏附勢於主人為樂，此爻是知樂不知憂，有過不知過，必有錯悔發生。**九四**：安樂由自身所得，並非借助外力，雖屬多疑之地，也不必疑懼。**六五**：知道沈溺安樂是多疾之病，但也會有此疾而並不死。**上六**：是耽於安樂，憂患即將來臨，如此必然很快會轉化為反面，變成謙卦了。

豫卦應事判斷吉凶

1. **運氣**：吉祥、歡樂、不知憂愁，正常、正當的玩樂會帶來好運。凡事順理而行都會成功。

2. **願望**：可達成。順應自然，水道渠成。
3. **財運**：佳。可賺歡樂的錢或娛樂方面的錢財。
4. **求職**：順利。你正好合老闆需要。
5. **生意開張**：吉。做與玩樂有關、休閒業最好。
6. **改行或變動**：吉。適合先打聽消息才動。
7. **外出或交涉**：吉。適合先瞭解對方脾氣及狀況再交涉。先瞭解外面狀況才外出。
8. **考試**：吉順。但仍要多花時間唸書，少玩一點。
9. **尋人**：可尋到，此人在遊玩或在遊樂場中。尋找方向由東方到西南一帶尋找為吉。
10. **失物**：被別人以好玩的心態拿走，未必能找回。由東方到西南方一帶去找。
11. **旅行**：吉。旅程很快樂，但要防偷竊之事。
12. **戀愛運**：吉順。能享受樂趣，但雙方皆是愛享受之人，不會為對方付出太多。

◎簡易實用靈卦・易學

13. **婚姻運**：吉順。能平順做夫妻，沒有波瀾。
14. **子女運**：主生男。孩子較愛玩樂。
15. **天氣**：晴朗、舒適。
16. **股市、期貨買賣**：佳。會上漲，令人高興。
17. **房地產市場**：佳。能找到如意的房子或地產。
18. **貴人運**：貴人會悠閒輕鬆的幫你的忙。

有變爻時的吉凶判斷

＊**初爻變**：只顧諂媚或滿足他人，自己不樂則凶。
＊**二爻變**：吉。堅守中庸、中正之道為吉。
＊**三爻變**：只圖安樂或諂媚於人，會有凶事發生。
＊**四爻變**：奮力自強，不靠人，則吉順。
＊**五爻變**：雖貪圖安樂，也是好的，未必會不吉。
＊**六爻全變**：雖在安樂之中，但憂患快要來了，情況要轉變，先計劃預防較好。

17 ䷐ 澤雷隨 震下兌上 ——上下追隨、和悅而動

隨：元亨。利貞。无咎。

初九：官有渝，貞吉，出門交有功。六二：係小子，失丈夫。六三：係丈夫，失小子，隨有求，得。利居貞。九四：隨有獲，貞凶。有孚在道，以明，何咎。九五：孚于嘉，吉。上六：拘係之，乃從維之，王用亨于西山。

解釋：

隨卦之卦義為隨從，為上下相隨則相和，從而達到中和穩定。隨卦上下六爻皆為剛爻居陰爻之下，為剛來而下柔，象徵君主能禮下於臣民，臣民也能追隨君主，彼此相隨，因此為和悅而動，會亨通，無過咎。

初九：初九陽爻，降其尊貴去隨從六二陰柔之爻，君主變隨從，

稱『官有渝』。如此主吉。出門在外，相會則相交而相隨，為『出門交有功』。**六二**：以六二爻來說，九五正應在上論陰陽可稱為丈夫。初九陽爻在下可稱為小子。在比應關係中六二爻若隨從初九爻，是依附於小子，而失丈夫。**六三**：六三爻失去初九的『小子』，去依附上面的九四的『丈夫』。卦義以剛爻下有陰爻為『隨』。六三爻對九四爻是苟且相從，不正相隨，故稱『隨有求』，得到了，就有很好的利益了。**九四**：指此爻獲得六三來追隨，比喻君主身旁的大臣不以正道得民心，豈能無凶。唯有行正道才能無過。此事為不是明察事理的人，是難瞭解此種道理，並難以達到效果的。**九五**：此爻居上六爻下，是剛爻居於柔爻之下，為君主誠心去禮下賢人，又能行隨從的中正之道，使上下相隨有亨通之利，因此得吉。**上六**：隨卦至上六隨道已成，窮極則變，變由隨從而轉向離散。九五爻去強行拘禁、維繫捆綁，使之不能不相隨，因此排除抗爭，君主就享用了這種臣民相隨及天下太平的政治之道。上六爻變完，也變成蠱卦了。

隨卦應事判斷吉凶

1. **運氣**：能找到相企合的上司或朋友一起打拚，可創造大事業。
2. **願望**：先做別人的貴人，別人也能成為你的貴人，因此願望能達成。
3. **財運**：跟隨貴人能得財，有時會慢一點。
4. **求職**：吉順，跟隨長輩或年長者工作會成功。
5. **生意開張**：吉順。有朋友幫忙。
6. **改行或變動**：吉順，有朋友介紹。
7. **外出或交涉**：請別人幫忙協調可成。外出吉，有人陪伴更好。
8. **考試**：吉順。
9. **尋人**：可找到。從西向東一直線的找，可找到。
10. **失物**：可找到。它可能跟隨他物混雜放在一起了。由西向東一直線的地方找。
11. **旅行**：吉，到東方或西方的方向旅行佳，有伴更佳。

◎簡易實用靈卦．易學

12.**戀愛運**：吉。會陰陽相隨，但婚前易發生關係而後分開。

13.**婚姻運**：吉，可夫唱婦隨。有時會婚期拖延一段時間，終可成功。

14.**子女運**：主生女。子女乖巧聽話。

15.**天氣**：不佳。未來會變好。

16.**股市、期貨買賣**：有停滯拖延狀況。

17.**房地產市場**：有停滯拖延狀況。

18.**貴人運**：有貴人，但會慢吞吞來相助。

有變爻時的吉凶判斷

＊**初爻變**：吉。外出能交到地位高、富有之朋友。

＊**二爻變**：要小心因小失大。

＊**三爻變**：吉，捨小求大，有利益。

＊**四爻變**：凶。不行正道，難以達到效果。

＊**五爻變**：吉。禮賢下士，上下隨和亨通。

＊**六爻全變**：要用點力量維繫才能成功。

18 ䷑ 山風蠱 巽下艮上 ——事情敗壞要整治

蠱：元亨。利涉大川，先甲三日，後甲三日。

初六：幹父之蠱，有子，考无咎，厲終吉。九二：幹母之蠱，不可貞。九三：幹父之蠱，小有悔，无大咎。六四：裕父之蠱，往見吝。六五：幹父之蠱，用譽。上九：不事王侯，高尚其事。

解釋：

蠱卦之卦義為天下敗壞出了事故，要整治。

蠱卦為上艮下巽，為剛上而柔下，居上位的艮先靜而不動、居下位的巽順聽命，有頹廢偷安之象。蠱亂而後發憤圖治，撥亂反正，『利涉大川』言涉險濟難，整治就要革新須佈新政令，並對民眾廣為宣傳及反復叮嚀，使大家都知道以便遵行，此為『先甲三日，後甲三日』之義。

初六：意指父親造成之壞事，但未來得及整治就死了，兒子繼續整治工作，但沒繼續造孽，可為孝子，最終是好的。吉的。**九二**：指老母仍健在，兒子整頓治理母親所造之蠱壞之事，不可太剛強固執。**九三**：父親還健在，兒子處理父親所幹下之壞事，不剛就不能治，即使會傷了父子感情，最終也不算有什麼過失。**六四**：此爻對其父所做的壞事都能寬貸、悠閒處之，讓壞事繼續發展，如此下去，豈能無悔吝。**六五**：是指兒子整治父親所幹之壞事而得到榮譽。**上九**：此時治蠱之事已完成，便不再為王侯工作，因此退居在野而潔自守，可為後人效法。

蠱卦應事判斷吉凶

1. **運氣**：極凶。要提防內憂外患，家中生變及意外負債。
2. **願望**：不能達成，且有意外負擔。
3. **財運**：不佳。家人或父母會使你負債。
4. **求職**：不成功，或白做工。

5. **生意開張**：不吉，會賠本，宜再等待一些時日再看看。
6. **改行或變動**：不吉，宜等待時機再動。
7. **外出或交涉**：不吉，會失敗或遇險。
8. **考試**：不吉。本質差。
9. **尋人**：不好找，因家庭問題不能解決，而不肯回來。方向由東南方到東北方之間。
10. **失物**：難找回，即使找回也有麻煩。方向為由東南方到東北方之間。
11. **旅行**：是非麻煩多，不宜。
12. **戀愛運**：是非麻煩多，關係不正常。
13. **婚姻運**：不順利，有是非、麻煩，宜等待時機。
14. **子女運**：主生男。父母與子女之間不和，是非多。
15. **天氣**：壞又刮大風或焚風。
16. **股市、期貨買賣**：差，有災難發生。
17. **房地產市場**：差，小心有災難發生。

18. **貴人運**：無。要等待。

有變爻時的吉凶判斷

＊初爻變：由凶轉吉。凡事整治後會變好。

＊二爻變：凶。女性會對你不利。

＊三爻變：六親不認能轉危為安。

＊四爻變：凶。小心要繼承長輩的負債。

＊五爻變：凶轉吉，要有能力為長輩或上司解決痲煩，才會吉。

＊六爻全變：吉，大功告成，潔身自守。

19 ䷒ 地澤臨 兌下坤上 ——陽剛大長

臨：元亨。利貞。至于八月有凶。

初九：咸臨，貞吉。九二：咸臨，吉，无不利。六三：甘臨，无攸利，既憂之，无咎。六四：至臨，无咎。六五：知臨，大君之宜，吉。上六：敦臨，吉，无咎。

解釋：

臨卦之卦義為：以上臨下，然後才能由下向上生長大有發展。

臨卦是以上臨下，再由下漸向上生長，而大有前途發展，這樣符合天道的變化，是非常吉的。按卦氣月侯，以十一月子月為一陽生，而成復卦（䷗），十二月丑月為二陽生，成臨卦（䷒），一直到六月未月陽氣消，而成遯卦（䷠），正是八個月，而臨卦與遯卦正是相反之卦，由陽氣長至陽氣消，可稱為凶。

初九：指初爻的陽爻降下而臨上面四陰爻，並以剛爻居陽位而得吉。**九二**：指二爻的陽爻亦降下而臨上面四陰爻，也是吉的，沒有不好的事。**六三**：指六三爻為陰爻，見下面之陽剛二爻勢將逼迫自己，而口出美言取悅二剛爻，但這是無法阻擋下面剛爻往上生長的，以為憂，然後斂藏退避讓陽剛上進，臨會變成泰，就無麻煩了。**六四**：指六四爻與初九爻以相應而相臨近，因卦位決定其無過錯，平安以過。**六五**：指六五爻的柔居柔位，在此卦上體中居中位，而與此卦下體中位之九二爻相應，二五相應則相臨，彷彿明君任用剛直通中庸之道的賢臣輔佐自己而有利無害。**上六**：此爻為臨卦終了之爻，預言將來有應，是吉的。

臨卦應事判斷吉凶

1. **運氣**：吉。陽氣漸長表示前途大好，充滿希望，應即時努力可有大成就。
2. **願望**：吉。有幸福希望、凡事可成。
3. **財運**：佳。但才在初期，仍要小心。
4. **求職**：可成功，前途無量。
5. **生意開張**：吉，未來會更好。
6. **改行或變動**：吉，努力會有發展。
7. **外出或交涉**：有機會成功，動作要快才行。

8.考試：成績不錯，會越考越好。
9.尋人：吉，很快會有消息或找到。方向：從西南往東北找。
10.失物：吉，可找到，由下往上找。或由西南往東北的一直線來找。
11.旅行：吉。越來越有意思。
12.戀愛運：吉。越來越好。
13.婚姻運：吉。越來越幸福。
14.子女運：主生女。女兒乖，兒子受寵。
15.天氣：佳。愈來愈好。
16.股市、期貨買賣：佳。會上漲。
17.房地產市場：佳。愈上漲或找到好房子。
18.貴人運：吉。長輩會幫你。

有變爻時的吉凶判斷

＊初爻變：吉。和樂相處。
＊二爻變：吉，平順。

＊三爻變：收斂退讓會無災。

＊四爻變：吉。平安。

＊五爻變：吉。用人得當，有利無害。

＊六爻全變：吉。凡事有相應之事為吉。

20 ䷓ 風地觀 巽上坤下 ——君臣上下相觀

觀：盥而不薦，有孚顒若。

初六：童觀，小人无咎，君子吝。六二：闚觀，利女貞。六三：觀我生進退。六四：觀國之光，利用賓乎王。九五：觀我生，君子无咎。上九：觀其生，君子无咎。

解釋：

觀卦之卦義為上下相觀而不言應比。象徵君主有道能控制強臣，為統治者設謀略。觀卦是臨卦的反過來，也是陰長陽消之卦。

觀卦是說二剛爻在上為大、為王，象徵君王主持大祭，從洗手開始就莊重、有威嚴，還沒奉獻祭品，就已使在下仰望的群臣信服他，被其感化了。

初六：指初六爻離九五爻最遠，又是陰爻居於最下位，象徵無知的童子無遠見，對小人來說是無過失，沒關係的。如果是君子處此小人之道則是鄙吝、為人瞧不起的。**六二**：在閨門之內窺視九五君主，未受九五之教化，但能順從，也非丈夫所為，是女子所做的事呀！**六三**：是指六三爻要觀九五爻之動態才能產生進退。但九五行中正之道，故六三也未退，守平常之正道。**六四**：指六四爻已靠近九五爻，象徵已觀視到國家的政績良好，做為近君的強臣不敢近逼君主，則適宜用賓主之禮去尊王，而君主也以上賓之禮相待臣子。**九五**：指君主觀民心向自己則君道存在，君王也存在，無災。**上九**：指上爻觀九五爻之生死存亡，九五生則自己也生，九五亡則自己也亡。現在是九五生，故無災。

觀卦應事判斷吉凶

1. **運氣**：要小心觀望，有強者在前挾制。
2. **願望**：先觀察為佳，勿冒然前進，暫時無法達成。
3. **財運**：觀望一段時間，才會進財。
4. **求職**：要等待時機，暫時無法成功。
5. **生意開張**：要等待觀再行動，暫時不行。
6. **改行或變動**：要等待觀望再變動。
7. **外出或交涉**：暫時不成，對方用高姿勢觀望。
8. **考試**：不佳。觀望一段時間再考。
9. **尋人**：不一定找得到。要使他信服，才會露面。尋找方向：由東南方向西南方去找。
10. **失物**：遺失了，找不回。
11. **旅行**：阻礙和強勢力量在前，有點難克服，宜觀望再去。
12. **戀愛運**：有阻礙，對方會觀望等待，沒進展。

13. **婚姻運**：有困難，會拖延。
14. **子女運**：主生女。會為子女煩惱。
15. **天氣**：不佳。有強風，且會下雨。
16. **股市、期貨買賣**：不佳，會跌。
17. **房地產市場**：不佳，宜觀望。
18. **貴人運**：無，貴人在觀望。

有變爻時的吉凶判斷

＊**初爻變**：不吉，會做錯事為人瞧不起。
＊**二爻變**：不吉，婦人之見會失敗。
＊**三爻變**：要觀望守平常之道為宜。
＊**四爻變**：注重上下利益，也要重視內外利益才會平安順利不吃虧。
＊**五爻變**：民在君在，民亡君亡，唇齒相依才會平安。
＊**六爻全變**：吉。守望相助而得吉。

21 ䷔ 火雷噬嗑 離上 震下 ——口齒咬物、明察秋毫

噬嗑：亨，利用獄。

初九：屨校滅趾，无咎。六二：噬膚滅鼻，无咎。六三：噬腊肉遇毒，小吝，无咎。九四：噬乾胏，得金矢，利艱貞，吉。六五：噬乾肉，得黃金，貞厲，无咎。上九：何校滅耳，凶。

解釋：

噬嗑卦下為震（☳）為雷，上為離（☲）為電，相合並用，為有聲威明察之象，故為噬嗑，也象徵口中有物間隔，使牙齒咬物但口不能合。以此斷案何懼小人作梗，因此屬於亨通的。

初九：屨為貫趾足，校為刑具。因刑具加於腳上，遮沒了腳趾，亦代表初犯之罪人用輕刑而使之不再犯罪，這是無咎過失的。**六二**：是指嫩肉無須咀嚼而容易吃，捧而吃之掩沒其鼻，口能毫不費力的合

起來，這是無問題的。**六三**：此爻是說以六三爻比喻陳腐有氣味的腊肉，比起嫩肉為難吃，但仍可吃，口也能噬之而後合。也沒問題。**九四**：此爻以剛居柔位，故比喻咬帶骨之肉干，其中還咬到一個個箭頭，更難以下嚥，唯有知道艱難而堅持啃下去，才能噬而口能合，以得吉。**六五**：此爻以柔居陽位來比喻『噬乾肉』。啃肉干而遇到其中還藏有黃金，是易中又有難之事，堅持固守正道，常懷危厲之心方可無咎，無罪過。**上九**：上九以陽剛居上，自恃剛強以積小惡而成大罪，被擔上木枷刑具遮沒了雙耳，遭到凶禍。

噬嗑卦應事判斷吉凶

1. **運氣**：行正道要明察秋毫才能有吉運。行事也要上下相合才會成功。
2. **願望**：相合則成。明察則吉。
3. **財運**：能明察又能有聲威能賺大錢。
4. **求職**：有困難，中間有梗。

◎簡易實用靈卦．易學

5. **生意開張**：不吉，有阻礙。
6. **改行或變動**：不吉，有阻礙，中間有困難。
7. **外出或交涉**：中間有人作梗。
8. **考試**：成績不好，勉強無過。
9. **尋人**：此為兄弟親人間有磨擦而失去聯絡，要小心有危險。宜從南方往東方找。
10. **失物**：被某物夾住或咬住了，可能會毀壞，要快找。宜從南向東找。
11. **旅行**：不吉，易有血光傷災。
12. **戀愛運**：會相互磨擦或口齒是非互咬罪狀。不吉。
13. **婚姻運**：有是非口舌、爭執。
14. **子女運**：主生女。若是生男會難產，子女與父母之間不能溝通，也多是非。
15. **天氣**：有打雷閃電，後變好。
16. **股市、期貨買賣**：盤中有震盪，後小漲。

17.房地產市場：房價一度下跌後漲回。

18.貴人運：有貴人，是在災難結束後才出現。

有變爻時的吉凶判斷

＊初爻變：初犯過錯會受輕刑要警惕才會轉為順利。

＊二爻變：柿子挑軟的吃會順利。

＊三爻變：食之無味棄之可惜，但仍能吃，也能順利。表示凡事不挑剔也能成功。

＊四爻變：知道艱難而肯堅持則吉。

＊五爻變：做事易中又有難事，常懷警惕之心可無災而有利。

＊六爻全變：凶，積小惡而成大罪遭禍。

22 ䷕ 山火賁 艮上 離下 ——山下有火為文飾之象

賁：亨，小利有攸往。

初九：賁其趾，舍車而徒。六二：賁其須。九三：賁如濡如，永貞吉。六四：賁如皤如，白馬翰如，匪寇婚媾。六五：賁于丘園，東帛戔戔，吝終吉。上九：白賁，无咎。

解釋：

賁卦與噬嗑卦是一對相反的卦，卦義也不同，噬嗑強制不合而合。賁卦將統一的東西又分開，為文與質兩方面，是以合為分異。亦是談本質與現象兩種關係。

賁卦有亨通之道，即是以體現『柔來文剛』。因賁的下卦（內卦）是離卦（☲）以上下二剛爻為質，中間陰柔爻為文，故稱『柔來文剛』。而上卦艮卦（☶）有二陰爻以柔為質，以剛爻為文，故言

『分剛上而文柔』，從外表看很剛強，本質都柔弱，不能有大作為，無大用而有小用，故言『小利有攸往』。

初九：指此爻捨車不乘、徒步而行，與六四爻相應，以成文飾。**六二**：比喻鬍鬚附於顏面上能文飾人的外表。**九三**：唯有固守實質而不陷溺於表面外表的華美，才能得吉。**六四**：以此爻比喻一個人白髮素裝又騎著白馬不加文飾、文采，當他看到要對應的初九爻所代表的人也是不虛榮而志同道合時，看清不是敵寇而結婚媾，終於與初九相應了。**六五**：丘園指上九爻，此句是說六五之君接受上九居於丘園賢人的文飾，來裝飾朝廷，行聘禮儀用五匹帛，以君主之尊，是微薄殘小，非常吝嗇，但卻得吉而被稱道為喜事。**上九**：此上九爻位處於賁卦最上之極，以白色去文飾六五爻，有色等於無色。賁之道在無色，以白為賁，為敦本尚實，最終從文飾轉為本質。這是現象與本質的變化，則無弊害。

◎簡易實用靈卦．易學

賁卦應事判斷吉凶

1. **運氣**：會有變化，不論是外剛內柔，或外柔內剛，卻只有小用無大用，只有小運氣而已。
2. **願望**：小願望可達成，大願望、大作為都不易達成。
3. **財運**：表面賺錢，但實質不豐。
4. **求職**：表面文章做太過就不行，還是本質要強才行。
5. **生意開張**：本錢要夠才能開張做生意。
6. **改行或變動**：有才華實力，改得成。
7. **外出或交涉**：要有實質利益交換才會成功。
8. **考試**：尚吉。但要準備充足。
9. **尋人**：能找到，要深入去找，不能從表面去找。方向：從東北往南去找。
10. **失物**：能找到，放在某種漂亮的東西之中。尋找方向：從東北往南去尋找。

11. **旅行**：宜做短途旅行。不適合長途旅行，中途會有變化。
12. **戀愛運**：太注重外表會被騙。
13. **婚姻運**：可結婚，但婚姻中途有變。
14. **子女運**：主生女。子女較浮華。
15. **天氣**：晴朗，但會變天。
16. **股市、期貨買賣**：起先漲後來跌。
17. **房地產市場**：有起伏、不平穩。
18. **貴人運**：貴人是表面幫你，未必有實質利益。

有變爻時的吉凶判斷

* **初爻變**：平。小心交通意外。
* **二爻變**：宜找男性年紀大的人幫忙。
* **三爻變**：吉。但勿只看外表。
* **四爻變**：吉。志同道合，不虛榮，能相應相合。
* **五爻變**：吉。節儉、謙虛而得吉。

＊六爻全變：吉。本質敦厚，崇尚樸實為吉。

23 ䷖ 山地剝 坤下 艮上 ——小人道長、剝落變革

剝：不利有攸往。

初六：剝床以足，蔑，貞凶。六二：剝床以辨，蔑，貞凶。六三：剝之无咎。六四：剝床以膚，凶。六五：貫魚以宮人寵，无不利。上九：碩果不食，君子得輿，小人剝廬。

解釋：

剝卦為陽消將盡之卦。剝為剝落、變革之意。

剝卦：一剛爻在上，快要被底下五個柔爻所剝落。陽爻象徵君子，陰爻象徵小人，指小人道長，君子勢微，動則一陽剝盡而成坤卦，因此不利再往下行了。**初六**：從形狀來看，剝（䷖）有床象

（冂），所以剝卦取床為象。床是人賴以安居休息的傢俱、床毀壞了，人就不能安居，床從最下面的腳壞了，是凶兆。**六二**：剝床而毀壞到床板了，比喻陽消陰長的形勢繼續在發展，這也是代表凶兆的。**六三**：此爻與上九爻對應及相應，沒有剝害上九陽爻之意，因此稱無咎。**六四**：此爻與上九無對應關係，因此進而剝害到床上人的皮膚了，對人來說有切身之害，故主凶。**六五**：指五個陰爻排成一串，有如宮中后妃嬪妾相次得寵愛於君王，這樣上九爻會存在，五個陰爻也會存在，相互無不利。**上九**：碩果指上九，如熟透的果實，可以剝落在地。君子亦指上九，一陽尚存，為民所載，一陽在上覆蓋五陰如同廬舍。小人指五陰爻，如果五陰爻剝掉上九爻此一陽爻，等於毀壞自己的廬舍房屋，因此不可毀害。

剝卦應事判斷吉凶

1. **運氣**：窮運、小人道長，要小心遭嫉與桃花糾紛。
2. **願望**：不成功。宜從女性方面試試看。

◎簡易實用靈卦．易學

3. **財運**：不佳。財少。亦會損失被騙。
4. **求職**：凶。小人作梗。
5. **生意開張**：不吉。需等待時機。
6. **改行或變動**：不吉，宜再等待。
7. **外出或交涉**：不宜冒然交涉，會失敗，改期再談。
8. **考試**：不吉。不順利。
9. **尋人**：危險多，宜翻山越嶺或水邊去找。方向：從東北到西南這一直線去找。
10. **失物**：被小偷或小人偷走，找不回。
11. **旅行**：不順利。中途有災難、不宜行。
12. **戀愛運**：不順，有小人或第三者作梗。
13. **婚姻運**：不順。有第三者或小人阻礙。
14. **子女運**：主生女。子女生不逢時。
15. **天氣**：極壞。道路濕濘。
16. **股市、期貨買賣**：不佳，會下跌至谷底盤旋。

17. **房地產市場**：不佳，下跌停滯。

18. **貴人運**：無。

有變爻時的吉凶判斷

＊**初爻變**：凶。小心足傷。

＊**二爻變**：凶。中凶。小心無法睡眠。

＊**三爻變**：無災也無吉。

＊**四爻變**：大凶。有切膚之痛。

＊**五爻變**：諂媚迎合別人則佳。

＊**六爻全變**：害人亦害己的事不可做。要保護碩果僅存的果實。

24 ䷗ 地雷復 震下坤上 ——一陽復始

復：亨。出入无疾。朋來无咎。反復其道，七日來復。利有攸往。初九：不遠復，无祇悔，无吉。六二：休復，吉。六三：頻復，厲，无咎。六四：中行獨復。六五：敦復，无悔。上六：迷復，凶，有災眚。用行師，終有大敗，以其國君凶，至于十年不克征。

解釋：

剝卦與復卦為相反之對卦，剝為一陽將盡，復為一陽復生。

復卦：因一陽得勢故亨通，『出入无疾』指卦中一陽出上體，入下體不是突然的，而是循序漸進演化的結果。『朋』指同類。一陽在下必將連合其他同類之陽爻相繼而來由下往上增長。從一陽消退到一陽復生又返歸正道，歷七變為七日，這是天道運行的過程時間。這樣是有利於進行變化的。

初九：指初九陽爻失之不遠就回復，象徵君子知過能改，很快回復修身之正道。如此就不會有災悔之事、是非常好的。**六二**：指六二爻居初九爻之上，應該順時休息退下，陰退陽復，所以稱『吉』。**六三**：指六三反反復復消長之間是有危險厲害的，但由於六三所處的時位關係，它和初九無應比關係，所以也算不得什麼過錯。**六四**：指六四爻與初九爻相應相合，並且能順從陽道漸長之勢，隨時可變為陽，故稱其為『中行獨復』，表示六四爻從正道，並且六四爻是脫離其他群陰爻獨自主陽復。**六五**：指六五爻以柔爻居至尊之位不可能無咎，但由於能忠實敦厚於陽復之道，小心謹慎，才免災悔。**上六**：指上六爻距離初九爻最遠，所以迷惘不知一陽束復，不瞭解陰陽變化，而招凶災，有天災、人禍。在這種情況下還去行師征討，終於大敗，災禍連及國君自身，以致十年之久都無法再去征伐別人。

復卦應事判斷吉凶

1. **運氣**：好運漸露曙光，會愈來愈好。

◎簡易實用靈卦．易學

2. **願望**：希望在前面，會慢慢達成。
3. **財運**：有起色，再努力就會有收獲。
4. **求職**：吉。找新職務或新公司吉。
5. **生意開張**：吉，好的開始。
6. **改行或變動**：吉，會從新開始。
7. **外出或交涉**：要反復交涉可成功，外出多走幾次有好運。
8. **考試**：有好的開始，會慢慢有長進。
9. **尋人**：往新方向去找會找到。方向：從西南往東找。
10. **失物**：能找到，從西南往東找。
11. **旅行**：吉。去舊遊地更吉。
12. **戀愛運**：會舊情復燃，有恆心能成功。
13. **婚姻運**：不算很吉，會再婚。
14. **子女運**：主生男。未來子女成就好。
15. **天氣**：天氣逐漸轉好。
16. **股市、期貨買賣**：有新氣象，在轉好中。

17. **房地產市場**：有機會買到好房子。景氣轉好中。
18. **貴人運**：吉。要反復去找，貴人是男性。

有變爻時的吉凶判斷

＊**初爻變**：吉。失而復得，知錯能改，全吉。
＊**二爻變**：吉。陽盛陰衰較吉。
＊**三爻變**：勿三心兩意，才會吉。
＊**四爻變**：吉。找到磁場相合的人和物才吉。
＊**五爻變**：要忠厚老實，小心謹慎才能無災。
＊**六爻全變**：凶。不明情況，傷得很重。

25 ䷘天雷旡妄 震下乾上——天道自然規律變化

无妄：元亨。利貞。其匪正有眚，不利有攸往。

初九：无妄，往吉。六二：不耕獲，不菑畬，則利有攸往。六三：无妄之災，或繫之牛，行人之得，邑人之災。九四：可貞，无咎。九五：无妄之疾，勿藥有喜。上九：无妄，行有眚，无攸利。

解釋：

无妄卦義是講天道自然規則的真實性，違背規律必招災。无妄卦：天道自然規則如日月、四時、萬物盛衰，由陰變陽，由虛妄變真實，叫做『无妄』。這是會亨通生生不息的。不按天道規律去行事，就不得正道，必有災，就不利於行動。

初九：指初九爻居陽位，又應九四陽剛，為純陽不雜，是確確實實的不妄，因此稱『无妄』，可按天道規律去行事，無往而不吉。六

二：墾一年之荒地為『菑』，連墾三年之熟地為『畬』。此爻是說春天不播種耕種，一年之地、三年之地皆不耕種，也無法期望秋天有收獲了。此言無作為，避免犯錯。**六三**：是指處於無妄之時而得災，比喻將牛繫在外邊，不小心牛脫開繮繩跑了，被路過的行人拾得撿走了，這是村邑之中的人的損失無妄之災啊！**九四**：指九四爻是剛爻處陰位，雜而不純，卻又務實不務虛，因此僅能固守不動才可以免災咎。**九五**：指此九五爻有點小毛病，切勿用藥去醫治，它自己會戰勝疾病而有喜。**上九**：指上九爻是剛爻是實而不妄稱『无妄』。強以行事必有災，是窮之災，是不宜的。

无妄卦應事判斷吉凶

1. **運氣**：順應自然規則，陰陽變通，生生不息，真實誠意，會無災。
2. **願望**：用誠意可達成。
3. **財運**：要努力打拚才會財多。
4. **求職**：先準備才能成功。

◎簡易實用靈卦．易學

5.**生意開張**：勿心急要等待。

6.**改行或變動**：勿急躁，尚須等待。

7.**外出或交涉**：須順其自然才會成功。

8.**考試**：須努力才會有好成績。碰運氣會考不好。

9.**尋人**：不易找到，對方理虧躲起來了。方向：宜從西北往東找。

10.**失物**：不易找回，宜從西北往東找。

11.**旅行**：不吉，順其自然而行較好，宜先計劃。

12.**戀愛運**：相互瞭解，真心誠意才會成功，否則會旁人得利。

13.**婚姻運**：有真實感情才會幸福。

14.**子女運**：主生男。順應自然能生育子女。

15.**天氣**：由雷雨漸變晴。

16.**股市、期貨買賣**：平盤、投資減少，會下跌。

17.**房地產市場**：交易減少。

18.**貴人運**：順其自然才會有。

有變爻時的吉凶判斷

*初爻變：吉。順其自然有好事發生。
*二爻變：懶惰會無收獲。
*三爻變：有無妄之災。
*四爻變：固守不動可免災。
*五爻變：平。小毛病勿亂服藥，以免成大災。
*六爻全變：凶。強以行事必有災。

26 ䷙ 山天大畜 乾下艮上 ——積蓄和充實學識

大畜：利貞。不家食吉。利涉大川。

初九：有厲，利己。九二：輿說輹。九三：良馬逐，利艱貞，日閑輿衛，利有攸往。六四：童牛之牿，元吉。六五：豶豕之牙，吉。上九：何天之衢，亨。

解釋：

大畜卦是說唯有相對的靜止，事物才能有集聚和積蓄。此卦下部乾（☰）象徵自強不息發奮學習。上艮的靜止象徵學識充實與鞏固，君主積蓄人才給以官職，不使其在家吃閑飯，使將來人才可承擔重任涉險經歷困難而有大作為。

初九：比喻某人不待積蓄才德，就想發揮作用去做事，這是很危險的，要制止他不能用才是有利的。**九二**：指車箱脫離了卡住車軸的曲木，車停止而不能走了，這並無過失。**九三**：比喻乾的三個剛爻並駕其驅的欲上進而發揮作用，艱難固守於積蓄之正道為利，每日練習輿衛之事，以備隨時對國有利。**六四**：童牛指初九，牿指六四，以六四作牿，以改變初九小牛的習性，使之無法頂人或往前衝，主吉。**六五**：是說，為了訓化小豬，用木樁將其拴起來，防止跑掉，這是吉的。**上九**：指才德之士，大有作為之時，鵬程萬里，因此亨通。

大畜卦應事判斷吉凶

1. **運氣**：大吉。前途無量，鵬程萬里。
2. **願望**：吉。可達成。要多充實自己。
3. **財運**：吉。多充實學識，可賺大財。
4. **求職**：吉。宜自我多充實知識。
5. **生意開張**：吉。宜先積蓄再擴充。
6. **改行或變動**：吉。先定極思動。
7. **外出或交涉**：吉。先搜集資料，儲備人才再交涉。
8. **考試**：吉。多充實有很高的成績。
9. **尋人**：可找回，正在休養與充實自我中。方向：從東北往西北找。
10. **失物**：可找回，正停留等待在某地，由東北往西北找，會找到。
11. **旅行**：吉。沿途會充實知識。
12. **戀愛運**：吉。可相互學習，皆有長進。
13. **婚姻運**：吉。結婚後家庭愈來愈積蓄充裕，幸福完美。

14. **子女運**：主生男。家庭和樂。
15. **天氣**：將變晴朗。
16. **股市、期貨買賣**：吉。會上漲。
17. **房地產市場**：吉。能找到會蓄財之房子。
18. **貴人運**：先備而不用。

有變爻時的吉凶判斷

＊**初爻變**：凶。太急躁進很危險。
＊**二爻變**：平。小危險還未釀災。
＊**三爻變**：有備無患，共同努力為吉。
＊**四爻變**：吉。小懲大誡要管理才會吉。
＊**五爻變**：要多加管制、管束為吉。
＊**六爻全變**：大吉。大有作為，鵬程萬里，凡事亨通。

27 ䷚ 山雷頤 震下艮上——養生之道

頤：貞吉。觀頤，自求口實。

初九：舍爾靈龜，觀我朵頤，凶。六二：顛頤，拂經于丘頤，征凶。六三：拂頤貞，凶，十年勿用，无攸利。六四：顛頤，吉。虎視耽耽，其欲逐逐，无咎。六五：拂經，居貞吉，不可涉大川。上九：由頤，厲吉。利涉大川。

解釋：

頤卦是講求養生的正道，養正則吉。先要觀其所養，是養人還是養己，還要觀察他用口吃食物的狀況，凡為得養生正道的人會性格廉潔不貪食，會養人。凡貪得無厭的人會成為養生的不正道，只會養己。

初九：指初九爻有養生之道，比喻作靈龜，食慾不強而壽命長。

但初九爻看到上九爻在咀嚼食物就用眼睛盯住他看，顯得貪婪嘴饞，表示有正道而不能守。主凶。**六二**：指頤卦中四個陰爻為同類，陰柔無實都靠上九爻供養，只有六二爻既求食於上九爻，又再求食於初九爻，脫離同類到處求食，既不能養口體，也不養德性，行其凶。**六三**：指此爻違逆養生的正道，又對上九的供養不滿足，終於被斷絕糧食，以致十年不予任用，又何以言利。**六四**：此爻居上卦的艮體，雖顛倒了自我供養之關係，但艮為上齶止而不動，能節制食欲，有養德之象，因此是慾望不高又供養有餘，故吉。上九所施予的能照顧天下人，體現了賢人養萬民，故吉無過失。**六五**：此爻為至尊之位，又為柔爻，是陰柔無實，不能養人，還需上九爻來供應，是違逆常道，為『拂經』。六五爻順以從上九爻故吉。但不可涉險。**上九**：是指由於此爻而使其他各爻得所養，養己又養人，六五之君將萬民託付給上九『賢人』去養，因此上九必懷危厲之心而吉，他並且身當天下之艱危險難，使君主及萬民皆得養而平安。

頤卦應事判斷吉凶

1. **運氣**：廉潔勿貪心為吉。靜候時機到來。
2. **願望**：要看願望的內容與自己的努力而定，不是全都吉。
3. **財運**：會有起伏、耗財多，進財不足的狀況。
4. **求職**：不十分順利，須待時機。
5. **生意開張**：急不來，要等待時機。
6. **改行或變動**：暫時不行。
7. **外出或交涉**：用美食先打動對方，再察言觀色而行。外出前先填飽肚子。
8. **考試**：考試前要注意飲食問題，否則會妨礙考試。
9. **尋人**：在附近，往賣吃的地方找，可找到。方向：從東北向東去找。
10. **失物**：遺失在飯廳或食堂附近，或在盒中，宜從東北向東去找。
11. **旅行**：旅行中注意飲食衛生，以免得病。

12. **戀愛運**：要從對方吃食的樣子觀察其人性格，以免遇到自私的人。
13. **婚姻運**：相互關心健康問題，才會幸福。
14. **子女運**：主生男。勿溺愛小孩，給吃太多，會不健康。
15. **天氣**：不佳，時雨偶晴，變化大。
16. **股市、期貨買賣**：不佳，易震動，上下起伏。
17. **房地產市場**：不佳，暫時買不到好房子。
18. **貴人運**：無。宜自己明哲保身。

有變爻時的吉凶判斷

*** 初爻變**：凶。少貪則壽長，多貪則凶。
*** 二爻變**：凶。到處乞食為凶，人緣不佳。
*** 三爻變**：凶。貪心不走正道為凶。
*** 四爻變**：吉。能自我節制，又能付出才會吉。
*** 五爻變**：尚吉。柔順為吉，但不可涉險。
*** 六爻全變**：獨挑重擔，小心謹慎，為吉。

28 ䷛ 澤風大過 巽下兌上 ——陽剛過中

大過：棟橈。利有攸往。亨利。

初六：藉用白茅，无咎。九二：枯陽生稊，老夫得其女妻，无不利。九三：棟橈，凶。九四：棟隆，吉；有它，吝。九五：枯楊生華，老婦得其士夫，无咎无譽。上天：過涉滅頂，凶，无咎。

解釋：

大過的卦義為陽剛超過了陰柔。以卦象來看陽剛控制了中間的過程。此為棺槨卦。**大過卦**：就像棟樑彎曲折斷塌下，比喻陰陽中和的『中界線』遭到破壞，陽重陰弱，此卦中間有四剛爻，頭尾有二陰爻。此卦上體為兑、下體為巽，皆屬陰卦，當陽剛越過中線時，巽本性陰柔順和悅，使陽剛往行向上，因此能『往』而後出現新的形勢，才為亨通。

初六：用祭祀做比喻，不能將祭品直接放在地上，要放在鋪過白色茅草的墊子上，以示潔淨才行。意指初六爻要謹慎才能無過失。**九二**：指枯老的楊樹又從根部發出新的嫩芽，宛如老頭子又娶了新的小媳婦一般，雖不相當，但能維持陰陽協調有一線生機，沒什麼不好。**九三**：指此爻在『中界線』上，它居陽用剛，對上六陰柔排斥不比應，像屋脊上的棟樑彎曲折斷而凶。**九四**：指此爻也居此卦中間，而九四以剛居陰位，九四與初六對應，得到陰柔輔助，故反而能興隆是吉，有它，是要小心悔吝的。**九五**：指此九五爻的陽剛如小伙子，而上六爻，如同老太婆。小伙子與老太婆結婚，像枯楊開花，不會長久，有花無果，不算美滿的婚事。**上六**：指此爻孤陰殘存，隨時不保，會被排斥掉，有如涉水過河，隨時會有滅頂之凶災，但不能將它排斥掉，否則不為大過卦了。

大過卦應事判斷吉凶

1. **運氣**：理想過高，但中間過程很重要，量力而為才吉。

2. **願望**：用奇招可行。
3. **財運**：不佳。中途會有災厄。
4. **求職**：不吉。不順利，中途有變化。
5. **生意開張**：須小心謹慎，注意工作過程則吉。
6. **改行或變動**：須小心才行。
7. **外出或交涉**：須重視中間過程才會順利。
8. **考試**：讀書過程很重要，否則不吉。
9. **尋人**：不易找到，要小心已發生危險災難。方向：從西邊往東南找。
10. **失物**：遺失了，無法找回。方向：從西往東南找，可知去向，但無法找回。
11. **旅行**：有阻礙、不順利。
12. **戀愛運**：不順利。受陽剛脾氣壓制，沒有溫柔感覺。
13. **婚姻運**：不佳。脾氣太硬、陽剛太強、不和順。
14. **子女運**：主生男，父母不和，子女難養育。

◎簡易實用靈卦．易學

15. **天氣**：晴朗，很快變天。

16. **股市、期貨買賣**：不佳。起伏大。

17. **房地產市場**：不佳。起伏大。

18. **貴人運**：性格強，不須要貴人幫忙。

有變爻時的吉凶判斷

＊**初爻變**：吉。小心謹慎，重禮儀，主吉。

＊**二爻變**：吉。又有生機。

＊**三爻變**：凶。棟樑折斷不吉。

＊**四爻變**：吉。得到輔助。

＊**五爻變**：枯楊開花，不長久，要轉壞。

＊**六爻全變**：凶。有滅頂之災。

29 坎為水 坎下坎上——險中有險

習坎：有孚維心，亨，行有尚。

初六：習坎，入于坎，窞，凶。九二：坎有險，求小得。六三：來之坎坎，險且枕入于坎窞，勿用。六四：樽酒簋貳用缶，納約自牖，終无咎。九五：坎不盈，祇既平，无咎。上六：係用徽纆，寘於叢棘，三歲不得，凶。

解釋：

坎卦之卦義取象於陰陷陽，卦時為險陷，論如何處險，陰陽皆有險，陽剛出險易，陰柔出險難。

坎為險中有險，為重險，只有習水性，學游泳，才能出險或不陷於險，因此要學習坎卦。將兩顆剛毅之心維繫在一起，通力濟險排除困難，就能亨通。唯有所作為才能取得成功之利益。

初六：指以柔爻居陷入險的開始，柔弱無力，必先學習險難之事，比喻人還沒學會游泳便要泅水過大河，結果沈入河底淹死，主凶。**九二**：指此爻在重坎中又居第二爻位，一時還不能出險，只有小得，沒有大獲，還未亨通之義。**六三**：指六三爻是渡過一險又一險，進退皆不能脫離險境。不下水就無功能自保，不招禍，也不言凶了。**六四**：此爻為陰爻，故講女子敬神之事，是說女子用瓦罐裝酒盛飯，從窗戶送入室內來祭祀鬼神，象徵六四爻以簡樸禮品行婦人禮儀獻於九五爻，以結陰陽之合，求得保護，使自已處險而不危險。**九五**：是指九五爻學會游泳，能浮在水面上保持平衡，但還在水中未脫險，仍得繼續努力，暫時不會淹死。**上六**：指此上六爻設險害人，故被捆綁而放在帶刺的叢林中而凶三年，不得回來，這是很凶的。

坎卦應事判斷吉凶

1. **運氣**：大凶。險中有險，宜多培養實力，學習救險辦法，才能出險。

2. **願望**：不能達成，會失敗，困難很多。
3. **財運**：不佳，損失耗財多，有危險。
4. **求職**：困難，不成功。
5. **生意開張**：凶。不適宜。
6. **改行或變動**：凶。不適宜，須再等待。
7. **外出或交涉**：沒有結果，會失敗。
8. **考試**：不吉，成績差很多。
9. **尋人**：找不到，小心已遇危險，應到北邊的水邊找。
10. **失物**：丟掉找不回了。要小心隨波而去，或泡湯了。
11. **旅行**：有凶險，勿近水邊。
12. **戀愛運**：愛情路上多坑洞、風波、不平順。
13. **婚姻運**：難有結果，多波折困難。
14. **子女運**：主生男。小心難產，子女難養育。
15. **天氣**：不佳，陰雨綿綿。
16. **股市、期貨買賣**：一直下跌。

17. **房地產市場**：不振，下跌。

18. **貴人運**：無。暫時還不出現，要靠自己。

有變爻時的吉凶判斷

＊**初爻變**：凶。剛愎自用，太天真主凶。

＊**二爻變**：仍在險中，還無法有大收獲。

＊**三爻變**：安靜不動，以求自保，不招禍已算很好了。

＊**四爻變**：小心謹慎，求得保護，處險而不險。

＊**五爻變**：凶，還未脫險，只能暫時露出水面吐一口氣。

＊**六爻全變**：大凶。自身難保，又設險害人更凶。

30 ䷝ 離為火 離下離上 ——重明附麗

離：利貞，亨。畜牝牛吉。

初九：履錯然，敬之无咎。六二：黃離，元吉。九三：日昃之離，不鼓缶而歌，則大耋之嗟，凶。九四：突如其來如，焚如，死如，棄如。六五：出涕沱若，戚嗟若，吉。上九：王用出征，有嘉折首，獲匪其醜，无咎。

解釋：

離卦是坎卦的相反之卦。離為太陽附麗在天上，坎為坎陷。離卦為兩離重疊，故稱『重明』。象徵明主之君又明德於正道，然後能教化天下。所以百姓的向心力是堅定的。離卦陰爻在剛爻之中，是柔得中正，會發生柔中的作用，好比蓄養柔順的母牛會更有用，更吉。

初九：此爻為下卦離體的始爻，為黎明太陽初升之時，人一天的活動隨之開始，雜事很多，要敬重謹慎，以免犯錯誤。**六二**：此爻代表日升至中午，『黃』為中之色，為德至美者，故言『元吉』。**九三**：此爻象徵太陽過午西斜，彷彿是不敲缶而歌詠著八十歲老人的感傷，主凶。**九四**：此九四爻為離卦的上體，以新君繼位來比擬日以繼日。

此爻意指父王將死，就急著奪位，不孝之致，終為天人共棄而焚燒致死，並且死無葬身之地。**六五**：此爻指六五有柔中之德，父王將死時極度悲傷淚流滂沱，其表現可為繼嗣，因此得吉。**上九**：此爻指新君主委任上九賢人去征伐不服之人，打勝仗，立了大功，除去災咎。

離卦應事判斷吉凶

1. **運氣**：大好。心情開闊爽朗，仍以柔中帶剛才好。
2. **願望**：可達成。要光明磊落才行。
3. **財運**：佳。勿投資太多，以防萬一。
4. **求職**：吉，順利。氣定神閒能成功。
5. **生意開張**：吉。要小心計劃。
6. **改行或變動**：行，不得太衝動。
7. **外出或交涉**：吉。謙和守禮會成功。
8. **考試**：吉。有好成績，要準備好才行，勿驕傲。
9. **尋人**：因脾氣壞衝動離家，冷靜後會返家。宜向南方去找。

10. **失物**：此物依附在某種亮晶晶的東西上，可找回。宜向南方去找。
11. **旅行**：吉。宜溫和輕鬆遊玩。
12. **戀愛運**：吉。衝動會分手或不成功。
13. **婚姻運**：吉。相互疼愛。
14. **子女運**：主生女。子女很多。
15. **天氣**：晴朗炎熱。
16. **股市、期貨買賣**：佳。蓬勃上漲。
17. **房地產市場**：吉。有好房子很快成交。
18. **貴人運**：吉。貴人會謹慎來幫助。

有變爻時的吉凶判斷

* **初爻變**：吉。有好的開始，要謹慎。。
* **二爻變**：大吉。日麗中天。
* **三爻變**：凶。夕陽西斜，衰老。
* **四爻變**：凶。太急迫衝動，有醜態會搞砸事情。

◎簡易實用靈卦・易學

＊五爻變：吉。注重情理能成大事。

＊六爻全變：吉。按步就班會立大功。

31 澤山咸 兌上艮下 ——兩情相悅

咸：亨，利貞。取女吉。

初六：咸其拇。六二：咸其腓，凶居吉。九三：咸其股，執其隨，往吝。九四：貞吉，悔亡，憧憧往來，朋從爾思。九五：咸其脢，无悔。上六：咸其輔頰舌。

解釋：

咸卦是說，男女相感應，情專篤實，而可娶婚配為吉。

初六：意指足的拇指先受感動而欲動。以比喻少男求少女，相感之時不能輕舉妄動，僅伸出足的拇指而已。**六二**：意指還未到求婚迎親之時，現在就抬腿邁步走則凶。宜深居等候才吉。**九三**：意指少男不想再等待了，抬腿起步將其追隨的少女追到手。心已不在別處，只在要追求的人的身上。**九四**：意指九四爻如閨中少女貞潔自守不動，是正常現象。相感應之後，就有動心貌，就打破平靜而動情了，和少男相互溝通感情交融了。**九五**：意指少男向少女求婚，少女過份感動說不出話來，像被食物噎住一般，無怨無悔。**上六**：意指少男少女結成夫妻，感情非常好，說話滔滔不絕，非常投企。

咸卦應事判斷吉凶

1. **運氣**：吉。十分亨通如意。
2. **願望**：能快樂達成。
3. **財運**：吉。順利財多。
4. **求職**：吉。十分順利。
5. **生意開張**：吉。會賺錢，也能同心同德。
6. **改行或變動**：吉。會成功。
7. **外出或交涉**：能成功，會相互體諒。

◎簡易實用靈卦．易學

8.**考試**：吉。成績好，心情好。
9.**尋人**：小心男女問題有是非，但能找到。方向：從東北往西北找。
10.**失物**：可找到。由東北往西北找。
11.**旅行**：吉。有艷遇或異性同往。
12.**戀愛運**：吉。順利成功。
13.**婚姻運**：吉。能結良緣。
14.**子女運**：主生女。子女受寵愛。
15.**天氣**：雨剛停。
16.**股市、期貨買賣**：佳，正慢慢上漲。
17.**房地產市場**：佳，自住成家的房子會得利。
18.**貴人運**：有，貴人是異性。

有變爻時的吉凶判斷

＊**初爻變**：吉。小心謹慎吉。
＊**二爻變**：靜候稍待吉，衝動為凶。

＊三爻變：注意獵物，才能追到手。

＊四爻變：先靜而不動，觀其變而後動，才吉。

＊五爻變：吉，太感動，而無怨無悔。

＊六爻全變：兩情相悅則佳，小心口舌是非。

32 ䷟ 雷風恒 巽下震上 ——守恒長久的夫婦之道

恒：亨。无咎。利貞。利有攸往。

初六：浚恒，貞凶，无攸利。九二：悔亡。九三：不恒其德，或承之羞，貞吝。九四：田无禽。六五：恒其德，貞，婦人吉，夫子凶。上六：振恒，凶。

解釋：

恒卦之卦義為守恒長久，守恒執『中』。

恒為恒久。守恒則能恒久。但須做到三點：一、『剛上而柔下』。恒卦為長男長女為夫婦，夫婦之道恒永不變。二是『雷風相與』。恒卦上為震，為雷，下為巽為風，風雷激盪，象徵陰陽二氣中和，這種自然定律在宇宙間也是恒久不變的。三、『巽而動，剛柔皆應』，說明卦體與爻位的關係是動而入於事理，上下內外皆響應無任何違逆。做到上面三點，恒卦才會亨通，無過失。這個天地之道，恒久不已，有始則有終，有終又有始，終始相因往復不窮。故稱利有攸往。

初六：指初六爻為柔爻居陽位，又為巽體主爻，急躁冒進，有如初婚，長女就要求長男像老夫老妻一樣對她感情很深沈，故稱『浚恒』。但相知不深而相求太急，巽女以此行夫婦之道，必然招凶。此為躁卦，故未得夫婦恒久之道。**九二**：指此爻以剛居陰位，是女子用剛行婦道本應有過悔，但因居中得中又應六五爻之中而能中和節制，故可去悔。**九三**：指在夫妻關係上朝三暮四，不恒久，行為不端，被夫所棄，女子承此羞辱還不悔悟，還以為夫婦之道可以不變，這就更鄙吝了。**九四**：意指不能盡夫職，田獵無所獲，無法養其妻子。**六**

五：指六五爻為陰爻柔居陽位，這對婦人來說為從一而終，為合適為吉。對丈夫則不相當、為凶。**上六**：夫婦之道一直動搖為凶。

恒卦應事判斷吉凶

1. **運氣**：守恒則吉，不可變動，做平常該做的事，謹慎為宜。
2. **願望**：可達成。要保持平衡，勿急進。
3. **財運**：平。不好不壞，能平衡收支。
4. **求職**：吉。是中等條件的工作。
5. **生意開張**：不吉。以維持現狀為佳。
6. **改行或變動**：不吉。以維持現況較好，勿冒進。
7. **外出或交涉**：以平常心，勿奢求就較佳。
8. **考試**：不錯，和平常一樣。
9. **尋人**：吉。該人有親密朋友，找到相關的人就能找出。方向：從東南向東找。
10. **失物**：吉，可找到，和他物黏在一起。方向：從東南向東找。

◎簡易實用靈卦・易學

11. **旅行**：吉。最好雙人同行。
12. **戀愛運**：吉，戀愛成功。
13. **婚姻運**：吉，能白首到老。
14. **子女運**：主生男。家庭幸福快樂。
15. **天氣**：好，有風。
16. **股市、期貨買賣**：吉。不動，在整理等待欲往上。
17. **房地產市場**：吉，不動，住家屋可買。
18. **貴人運**：不顯，貴人不現身。

有變爻時的吉凶判斷

＊**初爻變**：凶。急躁冒進，要求過多，主凶。
＊**二爻變**：以柔用剛，中和節制，不吉不凶。
＊**三爻變**：凶，受羞辱不悔過，主凶。
＊**四爻變**：凶。無收獲，不能溫飽，主窮。
＊**五爻變**：半吉半凶。對女人吉，對男人凶。

＊六爻全變：凶。

33 天山遯 艮下乾上——陽剛隱退

遯：亨。小利貞。

初六：遯尾，厲，勿用有攸往。六二：執之用黃牛之革，莫之勝說。九三：係遯，有疾厲，畜臣妾吉。九四：好遯，君子吉，小人否。九五：嘉遯，貞吉。上九：肥遯，无不利。

解釋：

遯卦為陰長陽消之卦。卦義為隱退。

遯卦的整個卦時陰長陽退，陰長至第二位，四陽在上應當退避，以退避而致亨通。小小有利於固守正道。象徵小人漸長，正道退卻的時間點上，或行權變而有為，或退隱而不為，進退不失時機，非通達權變又精於中道的人難以掌握。

初六：指前有四剛爻，而初爻、六二爻皆在其後，稱『遯尾』，指初六爻以柔居陽位不當，又咄咄進逼，必招危厲。是初六爻一心想往上而招致災厲，不往則無災。**六二**：指六二爻和九五爻相應，有如用牛皮做的繩子把九五爻拴起來，使其不得逃脫。**九三**：指九三爻處於陽剛將隱退之時，九三爻又與在下的二陰柔成比，相互親暱連繫不肯退避為『係遯』。這種狀況是有病災危險的，就像君子對於小人，有所牽繫而未得遯，則推行將其畜養為臣妾之道乃吉。**九四**：喜好遯退隱而不親，君子之人能如此則吉。小心不能遯退，故不吉。**九五**：指九五以正道為志，可合則合而不遯退，條件有變則立刻退去，貞守正道而得吉。**上九**：『肥』即『飛』。指上九爻其遁如飛，能退則無不利。

遯卦應事判斷吉凶

1. **運氣**：運氣衰退，漸不吉，要小心。

2. **願望**：不能達成。要小心謹慎。
3. **財運**：不佳，易耗財及虧損。
4. **求職**：不吉，時機變壞。
5. **生意開張**：不吉，時機變壞。
6. **改行或變動**：要小心，狀況沒想像的好。
7. **外出或交涉**：不太順利。
8. **考試**：成績不佳。會重考。
9. **尋人**：凶，找不到，躲起來了。方向：由西北往東北找。
10. **失物**：凶，掉了，無法找到。方向：由西北往東北找。
11. **旅行**：凶，不宜前往。
12. **戀愛運**：不成功。女強男弱不協調。
13. **婚姻運**：凶。易女霸夫權，男懦弱。
14. **子女運**：主生男，小心流產，子女健康不佳。
15. **天氣**：漸變壞，有雨。
16. **股市、期貨買賣**：不佳，下跌。

17. **房地產市場**：不佳，下跌。
18. **貴人運**：無，貴人躲起來了。

有變爻時的吉凶判斷

＊**初爻變**：凶，衝動招災。

＊**二爻變**：凶。強行不吉。

＊**三爻變**：凶。小心不正常的關係而有病。

＊**四爻變**：行正理謙讓則吉。貪求自私則不吉。

＊**五爻變**：見機行事，正派為吉。

＊**六爻全變**：吉，遠離小人和災禍如飛。

34 ䷡ 雷天大壯 乾下震上 ——雷在天上

大壯：利貞。

初九：壯於趾，征凶有孚。九二：貞吉。九三：小人用壯，君子用罔，貞厲。羝羊觸藩，羸其角。九四：貞吉，悔亡。藩決不羸，壯于大輿之輹。六五：喪羊于易，无悔。上六：羝羊觸藩，不能退，不能遂，无攸利，艱則吉。

解釋：

陽為大陰為小，陽剛長至第四位爻，陰爻已消至過半，可見陽剛強盛，故稱為大壯。當此陽剛強盛之時，必須固守正道。又此卦為雷震動於天，陽剛強而不用壯，又固守正道以保持強壯。

初九：初爻為始，為趾。指此初九爻為大壯的開始，一開始就用剛爻是不好的，其窮困是必然的，可信而無疑的。**九二**：上九二爻以剛爻居陰位得中，則它和六五爻對應，可剛柔相濟適中而不用壯，貞守於此而得吉。**九三**：陽剛長至第三位爻，已處於下卦乾體最上一爻了，九三以剛居陽位又質剛用剛，是過於剛強、強壯，因此說在此形勢下，只有小人會逞剛強用壯，君子人就不會用壯了，會堅守過剛會不吉的危厲謹慎，就像羝羊用羸弱的角去羝觸相戰。**九四**：指九四爻以剛爻居陰位，既不中也不正，但大壯卦是質柔用剛，剛柔相濟，符合用壯的道理，故也是貞吉，沒有災悔。羝羊相戰決鬥，證明其角不羸弱，其壯像大車的車輹一般。**六五**：前面二爻皆以羊為象，代表陽剛，至六五爻為陰爻，故稱『喪羊』，陽剛不見了。此句指六五以柔爻居陽位為不當位，就會變易為必然趨勢，故大壯會變成夬（䷪），這是無災悔的。**上六**：指上六爻到了像羊相羝，不能退，也不能進的頂牛形勢，必須柔以守中正，才能無過剛之弊而往有利的一方。陽剛也只有艱守正道，待時而進才能得吉。

大壯卦應事判斷吉凶

1. **運氣**：運氣特強，但要守禮，勿用強及招惹是非。
2. **願望**：可達成，要謙虛。
3. **財運**：佳。勿驕傲。
4. **求職**：吉，勿高高在上。

5.**生意開張**：吉，和氣生財。
6.**改行或變動**：尚吉，要謹慎。
7.**外出或交涉**：可成，用爽朗、大氣魄的態度而行。
8.**考試**：吉，成績不錯。
9.**尋人**：有強烈爭執而失去連絡，不易找。尋找方向：從東方往西北方找。
10.**失物**：難找到，可能碎了、破了。尋找方向：從東方向西北方找。
11.**旅行**：吉，旅途中不要逞強管閒事。
12.**戀愛運**：吉，男性較陽剛，女性應溫柔一點，可成功。
13.**婚姻運**：吉，相互依賴多一點較好。
14.**子女運**：主生男。家庭中男多女少，性格剛強。
15.**天氣**：漸轉好。
16.**股市、期貨買賣**：吉。競爭激烈，會上漲。
17.**房地產市場**：吉。有能到好房子的運氣。
18.**貴人運**：吉。貴人性格剛強。

有變爻時的吉凶判斷

＊**初爻變**：凶，小心窮困。

＊**二爻變**：吉。剛柔並濟，不可用強勢態度。

＊**三爻變**：聰明人會小心謹慎，小心會逞剛強。

＊**四爻變**：吉。該強的時候就強。

＊**五爻變**：吉，該變的時候就變。

＊**六爻全變**：吉。待時而進會得吉。

35 ䷢ 火地晉 坤下離上 ——柔進而上行的君臣關係

晉：康侯用錫馬蕃庶，晝日三接。

初六：晉如摧如，貞吉，罔孚，裕无咎。六二：晉如愁如，貞吉，愛茲介福，于其王母。六三：眾允，悔亡。九四：晉如鼫鼠，貞厲。六五：悔亡，失得勿恤，往吉无不利。上九：晉其角，維用伐邑，厲吉无咎，貞吝。

解釋：

晉卦以柔進為卦義，又取象於太陽升起，此為『柔進而上行』。用以述君臣關係。**晉卦**：比喻康侯為柔順之臣，能安邦國，又依附於明君，並以眾多的馬納貢於君主。君王以隆重之禮一日三次迎接康侯，表現君臣關係甚好。康侯代表晉卦下體坤柔順居下。君主代表離居晉卦之上部。

初六：指初六爻為柔爻上進的開始，稱『晉如』。九四爻和初六相應，九四爻抑退初六爻，稱『摧如』。象徵初六爻上進之路被九四所阻斷抑退，仍固守柔順之正道而得吉，未受賜命也能寬裕自處而無過錯。**六二**：意指此爻上進之心很堅決，好像用手揪住六五爻不放，表示其依附之深，但六二爻還未到晉升之時，只有固守本位才能吉。遲早它會接受君王所賜的大福。因六五是陰爻，故稱王母而不言君王。**六三**：做臣子的，信於下必能獲於上，眾所信則明君更不疑，有眾人相信，就無災悔了。**九四**：九四爻象徵近君的大臣，是剛居陰位不位，又無柔順之德，比做鼫鼠無才又無德，竊居高位，貪心嫉賢又懼怕別人知道，如此豈會沒有危厲。**六五**：指六五為明君，下面的群臣順從為『得』，其悔就沒有了。六正爻以柔居陽位不當位為『失』，則不必憂，為『勿恤』。要有所往，有所行而無所不利。**上九**：指此爻已進終極之地，無法再前進，唯有攻伐克服私有領地（代表自己控制自己），否則用剛上進，就會有悔吝之事，所以仍未能光大晉升之道。

晉卦應事判斷吉凶

1. **運氣**：大吉。遵守禮儀，凡事能得到尊重而順利。
2. **願望**：可達成。且得到榮譽。
3. **財運**：特佳，正財更好。
4. **求職**：吉。有貴人幫忙。
5. **生意開張**：吉。以客為尊大吉。
6. **改行或變動**：吉。柔進而上行。

7. **外出或交涉**：吉。柔能克剛，低調一點會大吉利。
8. **考試**：吉。成績佳，謙遜更能加分。
9. **尋人**：吉，可找到。用誠心感動他會找到。方向：從南方往西南方找。
10. **失物**：可找到。方向：從南方往西南方找。
11. **旅行**：吉。跟隨別人去旅行為佳。
12. **戀愛運**：佳。溫柔像小鳥依人會進展快。
13. **婚姻運**：吉。相互尊重，情意綿綿。
14. **子女運**：主生女。家庭和樂，子女聰明柔順。
15. **天氣**：晴朗，風和日麗。
16. **股市、期貨買賣**：佳，漸漸上漲，慢慢創新高。
17. **房地產市場**：慢慢上漲，將創新高。
18. **貴人運**：有。是權力高、地位高的貴人。

有變爻時的吉凶判斷

＊**初爻變**：吉。吉順而寬裕自如。

***二爻變**：吉。相依靠而有福。

***三爻變**：吉。有信用和人緣能得大利。

***四爻變**：凶。小人之心會失敗。

***五爻變**：吉，知『得』知『失』，則無往不利。

***六爻全變**：要努力上進，打拚才會吉。

36 ䷣ 地火明夷 離下坤上 ——日落昏暗明哲保身

明夷：利艱貞。

初九：明夷于飛，垂其翼。君子于行，三日不食。有攸往，主人有言。六二：明夷夷于左股，用拯馬壯，吉。九三：明夷于南狩，得其大首，不可疾，貞。六四：入于左腹，獲明夷之心于出門庭。六五：箕子之明夷，利貞。上六：不明，悔，初登于天，後入于地。

解釋：

明夷卦與晉卦為相反之卦，二卦皆取象於日出日落。此卦坤在上，離在下，為太陽落於地平線之下。明夷卦為黑暗之卦，其時為昏君執政，世道黑暗，明德賢人受害。只宜堅守正道而不改，就像殷商時期箕子見紂王不接受勸告，也不願同流合污，也不想離開故鄉，以裝瘋來晦其明德，處境艱難而守正道不變。

初九：此爻為下卦離的始爻，表示能洞察先機，不等災禍發生就小心謹慎像鳥一樣收斂翅膀低飛逃避遠離。君子人急於逃離，無暇飲食，連三日未吃飯，但禍事還未發作，所到之處，別人還不甚瞭解，有些接待他的主人難免有言詞上的責怪。這是世俗上的通常現象。**六二**：指六二爻居臣位，為有明德之臣被昏君所傷，當急速營救，用壯馬拯救才吉。**九三**：指九三爻剛居陽位，與上六爻相應，而上六為昏君，比喻九三爻欲上往除害，必會擒獲昏君，但不可操之過急，應該先正固自守。**六四**：指六四爻象徵昏君旁的近臣，獲知昏君的真實心意是不聽善言，只會殘暴而無可救藥的，只好走出門庭以避禍了。**六五**：指此爻最接近上六昏君，有如箕子顯露明德必受傷害，但晦藏其明而固守正道，可免於禍。**上六**：指上六爻居明夷卦最上位，是昏君居上位，明道者皆被其所傷，也會自傷。就像君主剛開始登天子之位，以德照臨四方，末世的昏君過於殘暴，又被民所推翻一樣。

明夷卦應事判斷吉凶

1. **運氣**：凶。情況艱難，要忍耐及明哲保身。
2. **願望**：不吉。未能達成，須忍耐。
3. **財運**：不佳，要小心損失或被侵佔。
4. **求職**：不吉，宜等待。
5. **生意開張**：凶。宜等待機會再做。
6. **改行或變動**：凶。暫時不能變動。
7. **外出或交涉**：凶。最好不要。
8. **考試**：凶。成績差，無法測出實力。

9. **尋人**：道不同不相為謀而離開，不好找。方向：宜從西南往南找。
10. **失物**：難找到。宜從西南往南找。
11. **旅行**：不吉。中途有意外，不可行。
12. **戀愛運**：不吉，對方性格不佳，宜躲避。
13. **婚姻運**：不吉，雙方性格及地位不平等，會不幸福。
14. **子女運**：主生女。小心不能順產，也易受子女拖累。
15. **天氣**：天氣不佳，過熱或過於乾燥。
16. **股市、期貨買賣**：不佳，有上下震動起伏，易有股災。
17. **房地產市場**：不佳，小心損失。
18. **貴人運**：無。貴人明哲保身不出手相救。

有變爻時的吉凶判斷

＊**初爻變**：明哲保身，但旁人有責難。
＊**二爻變**：半吉。搶救受傷者。
＊**三爻變**：擒賊先擒王，不可操之過急。

◎簡易實用靈卦．易學

＊**四爻變**：避禍自保。

＊**五爻變**：謹慎低調，可免於禍。

＊**六爻全變**：自傷傷人，不吉。

37 ䷤ 風火家人 巽上離下——女子守份利家道

家人：利女貞。

初九：閑有家，悔亡。六二：无攸遂，在中饋，貞吉。九三：家人嗃嗃，悔厲吉，婦子嘻嘻，終吝。六四：富家，大吉。九五：王假有家，勿恤吉。上九：有孚威如，終吉。

解釋：

家人卦為離在上，巽在下，此為論家道之卦。家人即言一家人構成家庭，家中有家道，以女子居正位為貴，象徵女子守本份能盡家道之職，故言『利女貞』。

初九：此為初爻為一戶人家的開始，稱為『有家』。初九陽爻，陽剛能治家，先防患未然，使閑邪之事，永不發生，就不會有災悔之事發生了。**六二**：此爻以柔爻居陰位，又在此卦下體之中，有柔順中正之德，故象徵做家庭主婦的人，遇事不專斷，以柔順為尚，主持家中之事，能守此家道是堅貞守吉的。**九三**：此爻以剛居陽位，又處內卦離體之最上位，為治家過於嚴厲的家長，因此家人有火燒火燎之苦。嚴厲可使家人不敢怠慢，這又是非常好的事，災悔厲害會轉吉。婦人和兒童嘻笑玩樂終日無所畏懼，這是治家不嚴的狀況，最終必會有悔吝之事發生。**六四**：此爻象徵年長的婦人以柔順之德居其位，也就是說有柔順之德的老母在家庭中居正位，家庭中人口眾多，但和睦相處，這是家道中之大吉。**九五**：此爻居君位，指王者的家庭越大愈能對政權起維護作用，家族內相互友愛，是維持人口眾多家庭關係的基礎，沒有憂患是吉的。**上九**：此爻為家道之終，維持家道在於家長有權威及能使家人信服，如此才能得終吉。

家人卦應事判斷吉凶

1. **運氣**：吉。應盡職守家則吉。
2. **願望**：能達成。面面俱到會更順利。
3. **財運**：佳，有足夠充裕的養家之財。
4. **求職**：吉。會順利，成家之後的求職會更穩當。
5. **生意開張**：吉。做家庭事業或生意吉。
6. **改行或變動**：吉。小幅變動較好。
7. **外出或交涉**：家族性的交涉或外出主吉。
8. **考試**：吉。家人的支持對你很重要。
9. **尋人**：吉。能找到，其人是因家人相爭執，但很快會回來。方向：從東南方往南方找。
10. **失物**：吉。能找回。是家人拿去用了，會還回來。方向：東南方往南找。
11. **旅行**：吉。家族旅遊最佳。

12. **戀愛運**：吉。有親戚家族關係的戀情最佳。
13. **婚姻運**：吉。為男女雙方家人促成，很幸福。
14. **子女運**：主生女。家庭興盛，兒女多。
15. **天氣**：好。
16. **股市、期貨買賣**：佳。會上漲，家族企業的股票會上漲。
17. **房地產市場**：佳，會上漲，宜買自用住宅為佳。
18. **貴人運**：吉。貴人是家族內的人。

有變爻時的吉凶判斷

＊**初爻變**：吉。先治理事情，並防範未然，凡事皆吉。
＊**二爻變**：柔順守規矩則吉。
＊**三爻變**：目無尊長，太過嘻鬧會出事。
＊**四爻變**：大吉。家有老母坐鎮，人多為吉。
＊**五爻變**：吉。家大業大。
＊**六爻全變**：有權威，受人信服則吉。

38 ䷥ 火澤睽 離上兌下 ——對立、分離

睽：小事吉。

初九：悔亡。喪馬勿逐自復。見惡人无咎。九二：遇主于巷，无咎。六三：見輿曳，其牛掣，其人天且劓，无初有終。九四：睽孤，遇元夫，交孚，厲无咎。六五：悔亡。厥宗噬膚，往何咎。上九：睽孤，見豕負塗，載鬼一車，先張之弧，後說之弧，匪寇婚媾。往遇雨則吉。

解釋：

睽卦二體上離代表中女，下兑為少女。睽為乖異、分離之意。其卦義為論矛盾對立。

此卦是說中女與少女同居住在一起，但『其志不同行』，將來長大，各有夫家。幼年同住時，小事可成，不可成就大事。

初九：此爻為乖離的開始，它與九四爻相應，開始對立。但初九會避免樹敵來招過咎，因此會接見九四這個惡人。**九二**：指九二爻在世道乖離之時，求見君主無門，在宮牆邊的小道與君主相遇。表示偷偷相見相合，君臣未失相合之正道，故無過失。**六三**：指六三爻原本可上行與上九爻相合而不分離對立。但九二爻在後拖住其大車，九四爻又控制其牛頭，使之不能走，使六三不能上行以應上九爻。但六三爻為此卦下體之終，仍未脫離乖離的位置，可是如此形勢也不會太久了，終將與上九的陽剛相遇的。**九四**：指處於乖離之時，九四爻孤獨無應，它和初九爻相遇而成偶，故稱『遇元夫』，兩個孤剛之爻相遇而結交相互深信不疑，情況特殊災厲也會無過失。**六五**：指六五爻與九二爻相合較容易，像牙齒咬皮，一咬就合牙，合則不離睽，一來一往之合，將有福慶，還有何過咎呢？**上九**：指上九爻原本與六三爻相應，並不孤獨，但有九二、九四爻的離間，而懷疑六三爻，使自己成為『睽孤』，孤獨之人。上九爻把六三爻看做是身上塗滿泥土的豬，又像載滿惡鬼的車，先張弓想射它，又鬆下弓弦不射了。最後終於認清六三爻不是敵寇，而是可結婚『婚媾』的人。於是就可往下與六三爻相遇，陰陽合洽而變成雨得吉。

睽卦應事判斷吉凶

1. **運氣**：不吉，運氣不通，志不同行，有對立狀況。
2. **願望**：無法達成。應避免樹敵太多，事與願違。
3. **財運**：不佳。有是非對立，賺錢不易。
4. **求職**：不吉。不成功，相互條件不合。
5. **生意開張**：不吉。以後再看看。
6. **改行或變動**：不吉。待機再說。
7. **外出或交涉**：不成功。意見對立，難達成。
8. **考試**：不吉。小心處處不順利。
9. **尋人**：不吉。因意見相左，相互對立而找不到。方向：宜從南方向西找。
10. **失物**：找不到。被仇敵毀壞了。方向：宜從南方往西找。

11. **旅行**：不吉。有阻礙，宜改期。

12. **戀愛運**：不吉。相互間意見對立，易分離。

13. **婚姻運**：不吉。易分手，性格不合，意見相左。

14. **子女運**：主生女。小心生產有危險麻煩，家人易不合。

15. **天氣**：壞。悶熱潮濕。

16. **股市、期貨買賣**：不佳。易下跌。

17. **房地產市場**：不佳。易下跌。

18. **貴人運**：無。貴人和你不和而不幫忙。

有變爻時的吉凶判斷

＊**初爻變**：凶。小心樹敵，會懦弱以對。

＊**二爻變**：平。暗中相合，無吉無凶。

＊**三爻變**：先凶終轉吉，會拖延一些時間。

＊**四爻變**：吉，互信能吉。

＊**五爻變**：吉。如上下牙齒相合，才有福慶。

＊六爻全變：先凶後吉，少懷疑猜忌，不打不相識。

39 ䷦ 水山蹇 艮下坎上 ——柔能濟險

蹇：利西南，不利東北。利見大人，貞吉。

初六：從蹇來譽。六二：王臣蹇蹇，匪躬之故。九三：往蹇來反。初六：往蹇來連。九五：大蹇朋來。上六：往蹇來碩，吉，利見大人。

解釋：

蹇卦為濟難之卦。入坎險濟大難不可冒然而行，量力而為，待時而舉，可行才行。此言遇險難時，行坤陰的柔順之道為有利（西南代表坤位，東北為艮位代表陽剛），若以陽剛躁動去冒險則不利。唯有大才大德之人才可承擔此事，才是真正吉的。

初六：此爻為處蹇難的開始，又是柔爻，無濟險之才能，故會等得不前往濟難是切守坤道的智慧而得榮譽。**六二**：指六二爻是柔爻，能力不足，但為大臣，也和君主共同致力濟險之中，雖力不從心，但不能算過錯的。**九三**：此時下卦三爻均未到出險之時，九三爻上往易入蹇難，只有返回據守崗位才宜。**六四**：此爻已入坎險，柔爻無力出險，只有跟隨九五爻之後才能出險，因它靠近九五爻，有九五爻來相連共同濟蹇。**九五**：指九五爻為大德大才之人，衝在前面，其他諸爻相助於後，相互配合，蹇難可濟了。**上六**：此上爻也下來跟從九五爻以獲得幫助君主出險的碩大功勞，非常吉利，又和九五爻這位有陽剛中正之德的大人跟隨依附從貴而大吉利。

蹇卦應事判斷吉凶

1. **運氣**：大凶。將進入危險災難之中，要小心。
2. **願望**：大凶。無法完成，有險阻。
3. **財運**：凶。有災變損失錢。

◎簡易實用靈卦．易學

4. **求職**：不吉。不順，有阻礙。
5. **生意開張**：凶。暫時不宜。
6. **改行或變動**：凶。暫寺不宜。
7. **外出或交涉**：凶。困難多，不成功。
8. **考試**：凶。成績不佳，有關險。
9. **尋人**：凶。找不到，因窮困而遇險。方向：從北邊往東北方。宜多往水邊找。
10. **失物**：凶，找不到，或卡在小洞內。方向：從北方往東北找。
11. **旅行**：不吉，有災險。
12. **戀愛運**：凶。會失敗。因性格和財富差距而分離。
13. **婚姻運**：凶。會失敗，因窮困而分手。
14. **子女運**：主生男。有產險，與子女緣份薄。
15. **天氣**：差，壞天氣連著。
16. **股市、期貨買賣**：差。下跌及損失。
17. **房地產市場**：差。下跌及損失。

18.**貴人運**：無。貴人自己有難。

有變爻時的吉凶判斷

＊**初爻變**：以不動應萬變最聰明。

＊**二爻變**：不吉。力不從心，馬馬虎虎。

＊**三爻變**：反復回到原點，不宜急進。

＊**四爻變**：依靠別人，跟隨別人會有好運。

＊**五爻變**：跟隨有能力的人可渡過難關。

＊**六爻全變**：找對人跟從依附才會大吉。

40 ䷧ 雷水解 坎下震上 ——緩解災難

解：利西南。无所往，其來復吉，有攸往，夙吉。

初六：无咎。九二：田獲三狐，得黃矢，貞吉。六三：負且乘，致寇至，貞吝。九四：解而拇，朋至斯孚。六五：君子維有解，吉；有孚于小人。上六：公用射隼于高墉之上，獲之，无不利。

解釋：

解卦的卦義為緩解。危險在後，愈動離險愈遠。解卦，利西南，是說行坤陰的柔順安靜來舒解民眾的緊張情緒。如果不警惕防備仍會發生災難之事。故要不怠懈有所做為，革除積弊愈快愈好，才能有功效。

初六：此爻為緩解的開始。初六爻和九四爻相應，也和九二爻相鄰相親，相親則相交，故二剛爻幫助它成為无過咎了。**九二**：此爻以剛爻居下體的中位，上與六五爻相應，上下又與六三爻與初六爻相鄰，此三爻為陰爻，故稱田獲三狐。彷彿打獵，獵得三隻狐，狐為陰。得黃矢是指九四爻。此解卦全卦只有九二與九四為剛爻，九二為主爻，柔爻須投靠九二主爻而能得中道。因此堅守得吉。**六三**：此爻為柔爻居剛位，位不正，象徵大難緩解之時，心態就放鬆，背著東西乘車招搖過市，引誘賊寇來搶，必有悔吝之事。**九四**：指解脫與初六的相應關係，九二這個朋友會更加信任你。**六五**：指六五柔爻位尊為君子，居此位置，應解脫繫於自身柔弱貪安的本性才會吉。可從同類柔弱的小人裡來驗證是解脫了。**上六**：指某公經常帶射凶鷹的弓箭在身上登於城牆之上，表示禍患將起，因隨身攜帶，故一箭射中，因此將禍患平息。

解卦應事判斷吉凶

1. **運氣**：緩解情緒，有備無患能趨吉。
2. **願望**：未來會實現，目前還不行。

◎簡易實用靈卦．易學

3. **財運**：只解決一時的困難，還無法大好。
4. **求職**：情緒放輕鬆機會較大。
5. **生意開張**：小吉。小心謹慎可做。
6. **改行或變動**：小吉，小心謹慎可動。
7. **外出或交涉**：小心謹慎，別太誇張，可行。
8. **考試**：小心努力可成。。
9. **尋人**：使對方放鬆情緒便容易找到。方向：從東方往北找。
10. **失物**：勿急躁可找到．由東方往北找。
11. **旅行**：吉。小心為宜。
12. **戀愛運**：保守，謹慎能成功。
13. **婚姻運**：低調一點可成功。
14. **子女運**：主生男。養兒辛苦，先苦後甜。
15. **天氣**：陰雨。
16. **股市、期貨買賣**：壓力得到緩解。
17. **房地產市場**：壓力得到緩解。

18.貴人運：有。來得很慢。

有變爻時的吉凶判斷

*初爻變：吉。剛柔並濟，相鄰相親，中庸得吉。
*二爻變：吉。有好運得吉。
*三爻變：小心引來賊寇，凶。
*四爻變：同類相親，異類相斥較佳。
*五爻變：遠離小人，從懦弱中解脫才會吉。
*六爻全變：隨時有備無患，能成功。

41 ䷨ 山澤損 兌下艮上 ——損剛益柔、當損則損

損：有孚，元吉，无咎，可貞，利有攸往，曷之用？三簋可用享。

初九：已事遄往，无咎，酌損之。九二：利貞，征凶，弗損益之。六三：三人行則損一人，一人行則得其友。六四：損其疾，使遄有喜，无咎。六五：或益之。十朋之龜弗克違，元吉。上九：弗損益之，无咎，貞吉，利有攸往，得臣无家。

解釋：

損為減損。陰陽對立中，一方減損，一方就會增益。損益二卦為對卦，相互表現由盛而衰或衰而盛的變化。

損卦的意思是說該減損之時，就必須減損，當人們認為此種減損是合情合理，就會信服。所以這種減損就是得大吉，沒有過失，可認真去執行的。就祭祀享用而言該如何呢？本來是愈豐盛愈好的，但要

減損虛有其表的形式，只用二簋非常微薄的祭品也可祭用享（指時間條件適合用減損。）

初九：此初九爻與六四爻相應，六四爻柔居陰位，剛不足，故稱疾。初九爻以己之剛急速去補足六四爻之弊病為合情理之事，二者也可相互平衡，是無過錯的，要斟酌損之。**九二**：指九二爻以剛居陰位，適中。相應的六五爻以柔居陽位居此卦上體之中位，也適中，故九二爻和六五爻應守本位，不能相互損益。**六三**：指以全卦而論，『三人行』是指泰卦在還未變損卦之前，下體為乾卦有三剛爻共同上進，到極盛而轉向減損之損卦，故言損一人。『一人行』又指泰卦九三爻從乾體損去之後上行去增益坤體。『則得其友』是指九三與坤體的上六相交換，於是由泰卦（䷊）變成損卦（䷨）。

六四：指六四爻為柔爻無剛稱有疾。接受初九相應之益，使初九急速增益，豈不是可喜之事，因此無過失。**六五**：指六五爻為柔居陽位，剛柔適中，不須損益，但可能還有其他爻如上九爻要去增益六五爻，實際上六五爻自身陰陽相合，自受益，即使用價值十朋的大龜來卜之，也不能違背，故大吉。**上九**：指上九爻已是損泰卦乾體中的九三『一人行』，來益坤體與上六相交換之爻，這種損益已是損其當損，不能再有損益了，故稱『弗損益之』。象徵上九爻自己不損也不須要下面的臣民來增益自己，安於現狀，得大志，最吉，能得臣民之心。

損卦應事判斷吉凶

1. **運氣**：要開源節流，減損支出，景氣不佳。
2. **願望**：無法立刻實現，要等待。
3. **財運**：不佳。要開源節流，減損支出，以應付未來景氣。
4. **求職**：不吉。時機不佳，正逢裁員。
5. **生意開張**：不吉。景氣未必好。
6. **改行或變動**：要小心行動。
7. **外出或交涉**：要謹慎為之。
8. **考試**：不吉，成績不佳，要加油。

9.**尋人**：可能找不到，會因懦弱而走極端。方向：從東北方往西找。

10.**失物**：會遺失、損失。方向：從東北往西找。

11.**旅行**：不吉，途中有損失。

12.**戀愛運**：不吉。會損失錢財或感情受傷。

13.**婚姻運**：不吉。有損失或障礙。

14.**子女運**：主生女。會為子女辛勞多耗財。

15.**天氣**：不佳。

16.**股市、期貨買賣**：差。有損失。

17.**房地產市場**：差。有損失、毀壞。

18.**貴人運**：不佳。

有變爻時的吉凶判斷

***初爻變**：損己利人，相互平衡。

***二爻變**：謹慎守己，勿有損益。

***三爻變**：為求平衡，一個人可找人合作，三個人要減一人才好。

◎簡易實用靈卦・易學

＊四爻變：有人來幫忙，主吉。

＊五爻變：自有福，不須別人幫忙。

＊六爻全變：安於現狀、不貪心，最吉。

42 ䷩ 風雷益 震下巽上 ——損上益下、動能順理

益：利有攸往。利涉大川。

初九：利用為大作，元吉，无咎。六二：或益之，十朋之龜弗克違，永貞吉。王用享于帝，吉。六三：益之用凶事，无咎。有孚中行，告公用圭。六四：中行，告公從，利用為依遷國。九五：有孚惠心，勿問元吉，有孚惠我德。上九：莫益之，或擊之，立心勿恒，凶。

解釋：

益與損二卦相反。益卦來自否卦，為『損上益下』。益卦下震上巽，代表風雷相薄不相悖，震動能順乎事理，必能一日一日的增益，發展不可限量，能涉險歷難過大川。

初九：指初九爻代表下位者，可有大作為，發展無限，特吉，無過錯。**六二**：指在『損上益下』的時候，初九與九五都以剛來增益六二爻的柔，即使用價值十朋的大龜來卜筮想要永保貞吉，也不能違背。九五爻代表君主，其用享祭祀還是要用最高的層次，才是吉的。**六三**：指六三爻與上九爻相應，上九爻不增益反而攻擊六三爻，此為益以凶事，這是它們爻位所固定會產生之狀況。六三行中道也是固有狀況。**六四**：此爻行中道而得其益。『告公』指損卦要變成益卦時，指初六來告，請求與九四爻易位，九四贊同，兩爻都是以益為己志！而實現變為『益』了。**九五**：指九五與六二相應發生損益關係，九五爻滿懷惠下之心去增益六二爻，不必進行卜筮發問便知道一定得大

吉。六二爻對九五感恩戴德。**上九**：指上九爻與六三爻相應相損益，上九爻居最上窮極之地則變。對六三爻不增益，還要六三爻增益自己，則必遭受外來的攻擊。這是主凶的。

益卦應事判斷吉凶

1. **運氣**：吉。發展不可限量，能漸漸增益。
2. **願望**：吉。可達成，努力有希望。
3. **財運**：佳。會一天一天增多。
4. **求職**：吉。有希望。
5. **生意開張**：吉。能有機會做好。
6. **改行或變動**：吉。適合變動。
7. **外出或交涉**：吉。用心處理會成功。
8. **考試**：吉。順利。
9. **尋人**：吉。用利誘有益於他即回。方向：從東南往東找。
10. **失物**：吉。重賞能尋回。方向：從東南往東找。

11. **旅行**：吉。能增廣見聞或增多收益。
12. **戀愛運**：吉。相互有益，會成功。
13. **婚姻運**：吉。相互有益，能白首。
14. **子女運**：主生女。家庭和樂。
15. **天氣**：佳。但有風，未來會變壞。
16. **股市、期貨買賣**：佳，會上漲，但漲後下跌。
17. **房地產市場**：佳。會上漲，買了以後會漲停。
18. **貴人運**：有。貴人對你有利益幫助。

有變爻時的吉凶判斷

＊**初爻變**：特吉。大有作為，發展無限。
＊**二爻變**：吉。有貴人來相助。
＊**三爻變**：凶。以凶事來增益你的能力。
＊**四爻變**：相互得利，吉。
＊**五爻變**：大吉。恩惠別人，也要感恩戴德。

＊六爻全變：凶。自私自利會受攻擊。

43 ䷪ 澤天夬 乾下兌上 ——五剛夬一柔

夬：揚于王庭，孚號有厲，告自邑。不利即戎，利有攸往。

初九：壯于前趾，往不勝，為咎。九二：惕號，莫夜，有戎勿恤。九三：壯于頄，有凶。君子夬夬，獨行遇雨，若濡有慍，无咎。九四：臀无膚，其行次且，牽羊悔亡，聞言不信。九五：莧陸夬夬，中行无咎。上六：无號，終有凶。

解釋：

夬卦為陰道將消之卦。有如五剛爻要與一柔爻斷絕關係。

夬卦：是指一柔爻在五剛爻之上，有如小人在君王的庭堂上張揚發狂，『孚號有厲』，指上六的小人死期將至有危險。告誡上六爻，不要從事兵戎之事，否則剛爻就要往上長了。

初九：指初九過剛，壯於前進上往，但不勝任夬柔之事，必遭過咎。**九二**：指九二爻聽到上六在號叫而有所警惕，即使在深夜也不放鬆或備，即使有兵戎之事也無憂患。**九三**：指九三爻與上六爻為相應，但面色有怒氣，不太好，主凶。君子人要果決的與上六爻劃清界線，但九三爻又會一爻獨上與上六爻相應，稱『獨行遇雨』，指陰陽相遇會成雨，而表面上九三爻對上六爻很和悅，而內心又有介蒂，實際未被沾污，因此得無過咎。**九四**：指九四爻剛居陰位不得中，表現懦弱，好像屁股受傷皮膚沒長好，走路艱難，想走又停，好言相勸，他也聽不進去。**九五**：指九五爻唯有行剛強和悅的中正之道才能無過咎。但九五爻偏用和悅，因此中道未光大，無法果決。**上六**：指上六柔爻很快被夬掉，同時陽剛長至六位也會窮極則轉向消。夬卦又變成姤卦，終為凶。

◎簡易實用靈卦・易學

夬卦應事判斷吉凶

1. **運氣**：凶。小人猖狂，有危險，要緊張警惕。
2. **願望**：不吉，難達成。
3. **財運**：不佳，小心受騙或損失。
4. **求職**：不吉。機會不佳。
5. **生意開張**：凶。宜等待時機。
6. **改行或變動**：凶。不宜。
7. **外出或交涉**：凶。不順利。要小心應付。
8. **考試**：凶。易失敗。
9. **尋人**：凶。不易找到，已逃之夭夭。方向：從西往西北找。
10. **失物**：凶。遺失了。方向：從西往西北找。
11. **旅行**：不吉。宜改期。
12. **戀愛運**：凶。男女相夬，分手快。
13. **婚姻運**：凶。易果斷分手。

14. **子女運**：主生男。子女男多女少，相處不易。

15. **天氣**：不佳。狀況惡劣，會漸好。

16. **股市、期貨買賣**：下跌很深。

17. **房地產市場**：下跌很深。

18. **貴人運**：無。小人當道。

有變爻時的吉凶判斷

***初爻變**：凶。剛愎自用易失敗。

***二爻變**：多戒備而無患。

***三爻變**：平，多忍耐應付能平安。

***四爻變**：凶。懦弱又不聽別人意見會不吉。

***五爻變**：凶。不果決會無作為。

***六爻全變**：凶。窮則變。

44 天風姤 巽下乾上 ——陰陽相遇

姤：女壯，勿用取女。

初六：繫于金柅，貞吉，有攸往，見凶。羸豕孚蹢躅。九二：包有魚，无咎，不利賓。九三：臀无膚，其行次且，厲，无大咎。九四：包无魚，起凶。九五：以杞包瓜，含章，有隕自天。上九：姤其角，吝，无咎。

解釋：

姤卦為柔遇剛，不期而會，一柔在下，五剛在上，此時陰性逐漸強壯，稱女壯，此時不能娶妻。

初六：指把初六爻繫在九二爻的金屬鑄成的車閘上，使她不能進，這是吉的，如果初六前進，則主凶。指六二爻，像羸瘦的豬在躑躅慢慢前進一般。**九二**：指九二剛爻包容占有住初六陰爻，九四爻本來應和初六爻相應的，但九四爻後來為賓，無法和其相應了，這樣是適宜的。**九三**：指九三爻也像屁股受傷皮膚沒長好，走路走走停停，實際沒去牽制初六，能止步，故沒犯過失。**九四**：指九四爻要與初六爻保持距離，不可親近，沒有包容初六，否則會與九二相爭而有凶。**九五**：指九五爻能含包容章顯陰柔行中正之道。『有隕自天』是指初六爻是由夬卦的上六被決掉後，來降落至姤卦的初爻的，這是必然的天命規律，是自然規律。**上九**：指上九爻居於此卦最上窮極之地，無法與初六相遇，故為鄙吝，不能被其消滅，也能得无咎。

姤卦應事判斷吉凶

1. **運氣**：不吉。小心受小人及女人影響。
2. **願望**：不吉。難達成。
3. **財運**：不佳。有阻礙。
4. **求職**：凶。小人做怪，不易成功。
5. **生意開張**：凶。容易失敗入不敷出。

◎簡易實用靈卦・易學

6. **改行或變動**：凶。要小心謹慎，不樂觀。

7. **外出或交涉**：要謹慎，不樂觀。

8. **考試**：凶。成績差。

9. **尋人**：須多花時間，成果未定。方向：從東往東南找。

10. **失物**：會找很久。在會動的東西下面。方向：從東方往東南找。

11. **旅行**：不吉。有顛波，不順利。

12. **戀愛運**：易失敗。每天都有震動變化。

13. **婚姻運**：凶。女性太強，婦奪夫權。

14. **子女運**：主生女。女兒會製造煩惱。

15. **天氣**：目前還好，會漸漸轉壞。

16. **股市、期貨買賣**：不佳。會下跌而低迷。

17. **房地產市場**：不佳。會下跌。

18. **貴人運**：女貴人會強勢幫助，但財利少。

有變爻時的吉凶判斷

＊**初爻變**：要能控制情況，才吉。
＊**二爻變**：注重情理和禮義才行。
＊**三爻變**：不犯過失，也不招惹別人才吉。
＊**四爻變**：要與人保持距離，也不能相爭，否則會凶。
＊**五爻變**：多包容別人，章顯別人，遵守陰陽自然變化，聽天由命是吉的。
＊**六爻全變**：窮困、鄙吝之時，也要小心不出錯。

45 ䷬ 澤地萃 坤下兌上 ——上下聚合興盛

萃：亨，王假有廟。利見大人，亨利貞。用大牲吉，利有攸往。

初六：有孚不終，乃亂乃萃，若號，一握為笑。勿恤，往无咎。六二：引吉，无咎，孚乃利用禴。六三：萃如嗟如，无攸利。往无咎。小吝。九四：大吉，无咎。九五：萃有位，无咎。匪孚，元永貞，悔亡。上六：齎咨涕洟，无咎。

解釋：

萃卦之卦義為合眾興盛。引伸萬物類聚。此卦兌在上，坤在下，指上下可聚合在一起。萃卦代表聚合，會亨通。君主舉行宗廟祭祀為大的聚合。臣民與君王相聚一起，上喜悅而下順從，國家昌盛，做豐盛的祭典時殺牛做祭品，以前往參加為有利。

初六：指初六爻本應和九四爻相應相聚合，但搞錯對象，想去和九五相聚相應，因此弄亂了相聚合的對象，也不能信守本位到終了。若號淘哭了，握一下手就笑了，別害怕！只要前往和九四相應相聚合就無過咎了。**六二**：指六二爻居中正之臣，不會主動和九五爻相聚，九五爻代表君王，必等候九五招引才去做正應。去晉見時也不獻厚禮，認為是心誠志同而去見君的。**六三**：六三爻與上六爻相應，但兩柔爻不能相聚，故嘆嗟不得志。在無應的狀況下，上往與九四相聚合，九四為剛爻，終於得萃聚之義，雖有小吝，不傷大體面。**九四**：指九四為近君之臣，有初六和六三來相應相比同聚合，譬如率領臣民歸順於九五，為王室大賢則可大吉，無過咎。**九五**：指九五爻以剛居陽位，是正位之君，故稱『萃有位』。九五應聚合臣民於己身，但九四為近臣已與其奪民，故九五的君王思想願望未得實現。**上六**：此上六爻高高在上居窮極之地，與六三雙柔無法相應，與九五為逆比不合，因此孤獨、恐懼、嘆息、眼淚鼻涕都流出來了，痛苦不堪，它本身是無過錯的。

萃卦應事判斷吉凶

1. **運氣**：極佳。聚合興盛，熱鬧滾滾。
2. **願望**：吉。可快樂達成。
3. **財運**：佳。財愈聚愈多。
4. **求職**：吉。順利成功。
5. **生意開張**：吉。生意興隆。
6. **改行或變動**：吉。變動會更興隆。
7. **外出或交涉**：吉。用人緣關係可成。
8. **考試**：吉。成績好。
9. **尋人**：吉。可找到，在人多的地方。方向：從西向西南找。
10. **失物**：吉。可找到，在眾多雜物下面。方向：從西向西南找。
11. **旅行**：吉。快樂的旅程。
12. **戀愛運**：吉。雙方意見相通是同類型的人，很企合。
13. **婚姻運**：吉。雙方情投意合，能白首。

14.子女運：主生女。子女多而幸福。
15.天氣：會有大雨，小心積水。
16.股市、期貨買賣：吉。會上漲，人氣很旺。
17.房地產市場：吉。景氣好，能找到密集能升值的房地產。
18.貴人運：吉。在人多的地方有貴人。

有變爻時的吉凶判斷

＊初爻變：堅守本位，勿搞錯對象才會吉。
＊二爻變：知禮守禮，不諂媚，心誠志同才行。
＊三爻變：不得志時可另找出路，也能吉祥。
＊四爻變：起義來歸可大吉。
＊五爻變：領導能力不行，願望未實現。
＊六爻全變：因時間、地位的關係會有孤獨、恐懼，但無過錯。

46 地風升 巽下坤上 ——地中生木

升：元亨。用見大人，勿恤。南征吉。

初六：允升，大吉。九二：孚乃利用禴，无咎。九三：升虛邑。六四：天用亨于岐山，吉，无咎。六五：貞吉，升階。上六：冥升，利于不息之貞。

解釋：

升卦之卦義為上升。『柔以時升』。升卦與萃卦相反。卦體下巽上坤，三柔爻在上，無處可升，能升則升，以時位而定，不可升則不升。大人指九二爻，『用見大人』指六五爻見九二爻而用之，要去掉憂慮懷疑。九二爻南征向坤陰的方向而行，上升去與六五爻相應，得吉。

初六：指初六爻在此卦的最下，有上升的條件，故稱『允升』而得大吉。**九二**：指九二爻要上升，但必須等六五爻消除疑慮相信了九二，再送些薄禮，才可相見相應而無過咎。**九三**：『升虛邑』是說升入了坤體。指九三爻升入坤體無阻礙，因相應的上六爻無所疑，故暢通無阻，如同進入無防禦空虛之地。**六四**：指六四爻再上升一步可居君位，但卻不能升，用殷代紂王無道，文王雖三分天下有其二，但仍服事於殷，只祭享於境內之岐山，而不敢稱王去祭天。文王以柔順守臣道不升入王位，如此是吉的，無過咎的。**六五**：指六五爻在至尊之位，貞固自守才得吉，它歡迎九二上升。**上六**：指上六爻為柔爻，已至窮極之地，昏昧不明還想升，不知升極必下降，它只能固守不再生息為宜，如果再生息就會轉向反面。

升卦應事判斷吉凶

1. **運氣**：吉。要慢慢來，不可操之過急，一步一步向前走。
2. **願望**：吉。用長遠計劃可達成。
3. **財運**：佳。財源茂監，錢途大展。

◎簡易實用靈卦．易學

4. **求職**：可成功，要立即行動。
5. **生意開張**：吉。要按步就班。
6. **改行或變動**：吉。不可躁進。
7. **外出或交涉**：吉。要小心翼翼可成功。
8. **考試**：吉。成績進步。
9. **尋人**：要慢慢去找，可找到。方向：從西南往東南找。
10. **失物**：要慢慢找，可找到。方向：從西南往東南找。
11. **旅行**：吉。宜先安排好，一步步的去旅行。
12. **戀愛運**：吉。但勿急躁，保持溫柔形象較好。
13. **婚姻運**：吉。家族會因此段婚姻家運大升。
14. **子女運**：主生女。家運高升。
15. **天氣**：好。溫度適中。
16. **股市、期貨買賣**：吉。會慢慢往上升。
17. **房地產市場**：吉。慢慢能找到好房子，買土地較快。
18. **貴人運**：吉。勿懷疑會有好的貴人相助。

有變爻時的吉凶判斷

*初爻變：吉。會上升，有發展空間。
*二爻變：吉。用對方法，自信服人便可成功。
*三爻變：吉。暢通無阻。
*四爻變：吉。小心謙虛是對的。
*五爻變：小心謹慎，保守才會吉。
*六爻全變：要謹慎保守，勿亂動為宜。

47 ䷮ 澤水困 坎下兌上 ——以柔困剛、窮困被困

困：亨。貞大人吉，无咎。有言不信。

初六：臀困于株木，入于幽谷，三歲不覿。九二：困于酒食，朱紱方來，利用亨祀，征凶，无咎。六三：困于石，據于蒺藜，入于其宮，不見其妻，凶。九四：來徐徐，困于金車，吝，有終。九五：劓刖，困于赤紱，乃徐有說，利於祭祀。上六：困于葛藟，于臲卼，曰動悔有悔，征吉。

解釋：

困卦之卦義為窮困，也是以柔困剛。君子人有操守，在遇窮困險難時，身窮志不窮。人生必有窮通之時，小人則不能做到這一點。往往以口舌去討人喜歡，妄圖脫困，但時間久了，便無人肯相信他，反而更窮，故言『有言不信』。

初六：指初六爻本身為柔爻，要去圍困九二陽爻，不能勝任，反

而跌進幽谷深淵，屁股插在矮叢木之中。這是因為它本身柔弱昏庸，不明瞭如何處窮困之道，而至三年都不能和九二見面。**九二**：指九二爻被初六和六三兩柔爻圍困，處境艱難，但九二爻得處困之道，以酒食及自我娛樂來自處，故環境雖險惡，但有喜慶，看不出凶，所以無過咎。**六三**：指困卦三柔困三剛，六三爻居中間，往下困九二，往上困九四、九五。困人者必被人所困，『困於石』是指九四爻如同大石阻在前。『據于蒺藜』是指九二為蒺藜（帶刺植物），六三後退又碰到它，如坐針氈，進退不得，處於絕境，以至死期將至而不自知，將無法見其妻子，最凶。**九四**：指九四爻之心志是想潛藏在下而不願居上。在柔困之時，九四與九五兩剛相鄰而相比，這是變例，因九四爻不當位，陽爻處陰位而成比有悔吝，但也最終舒發疑懼了。**九五**：指截鼻難以出氣，去足難以走路，氣難出，路難行，如可去援助九五爻，只有等候一下，慢一點，有喜悅行中道耐心等候，利用祭天地，奉天時，最終一定能濟困有福慶。**上六**：指此柔爻為了困剛如同葛藟纏繞而上，到了居於最上才發現自己亦處於窮困之地，便恐懼不安，再繼續困陽就要有過悔了，只有悔改變通才能無過悔，行而獲吉。

困卦應事判斷吉凶

1. **運氣**：凶。身處困境要以退為進，以柔克剛，三思而行。
2. **願望**：凶。不能達成，宜再多等待機會。
3. **財運**：差。小心負債。
4. **求職**：凶。宜多增加專業知識，待機而發。
5. **生意開張**：凶。困難重重，不吉。
6. **改行或變動**：凶。不適宜，宜靜守。
7. **外出或交涉**：凶。難成功，不必徒勞無功。
8. **考試**：凶。成績差，不及格。
9. **尋人**：凶。難找到，其人被困在某地（水多之地），不能露面，因此難找。方向：從西往北方找。
10. **失物**：凶。找不到，東西在水中遺失了。方向：從西往北找。
11. **旅行**：凶。不宜，有阻礙和錢的問題。

12. **戀愛運**：凶。感情易被困住，且找到窮人談戀愛，最後無結果。
13. **婚姻運**：凶。不吉，易因錢財分手。
14. **子女運**：主生女，為子女勞苦。
15. **天氣**：接二連三的壞天氣，很潮濕。
16. **股市、期貨買賣**：差。不斷下跌。
17. **房地產市場**：差。不斷下跌。
18. **貴人運**：無。心窮被困，不信有貴人。

有變爻時的吉凶判斷

＊初爻變：凶。自不量力，跌至谷底，不能翻身。
＊二爻變：有自處之道，不為外界環境所動，則吉。
＊三爻變：凶，困人者必被人所困。
＊四爻變：出奇致勝也能平安。
＊五爻變：窮凶之時，宜耐心等待好運來臨。
＊六爻全變：要能變通和悔改，而能獲吉。

48 ䷯ 水風井 巽下坎上 ——用木桶入井取水

井：改邑不改井，无喪无得，往來井井。汔至，亦未繘井，羸其瓶，凶。

初六：井泥不食，舊井无禽。九二：井谷射鮒，甕敝漏。九三：井渫不食，為我心惻。可用汲，王明，並受其福。六四：井甃，无咎。九五：井冽寒泉，食。上六：井收勿幕，有孚元吉。

解釋：

井卦與困卦相反。困卦為窮困，井卦為通達。井卦下巽上坎，象徵巽木掛水桶入井之象，而上坎為提水出井之象。

井卦：古時一邑三十家的村落是可以搬遷的，但井卻不能移動，是以不動守靜而能致通，也才能取之不竭。將瓦罐拴在繩索上豎到井中去提水，繩索不夠長，而瓦罐無法達到水面，沒提到水，跟瓦罐在井壁上打破了，都一樣是凶的。

初六：指此久居下如在井底。井底之水混若泥沙不能食用，廢棄的舊井無水可獲。**九二**：指九二之水不能上進與九五相應，只好與初六相比往下旁流，注入河溝只可養小魚而已，也宛如甕破舊漏水了。**九三**：即九三爻的井水經過整治後，變清潔可用，但井上設備不全，無法提上來食用，令我心痛可惜，過路的行人感嘆說：有明君王治理此邑一定會井上井下一起治理好，不僅讓此邑人可汲用此水，過路人也可並受其福。可見此井無用。**六四**：用瓦甓壘井修治井，才能給人用，供水才能無過咎。**九五**：到九五爻，井水為清潔甘美寒涼的泉水，完全可食用了。**上六**：收繩索往上提水，井口不覆蓋，來提水的人非常多，人人都相信此井的水甘美，而得大吉。

井卦應事判斷吉凶

1. **運氣**：以不動守靜，細水長流，可保平安。太急躁容易出錯而運衰。

◎簡易實用靈卦．易學

2. **願望**：要等候將來，繼續努力可達成。
3. **財運**：不佳。要注意財的源頭是否通順。
4. **求職**：目前不成，要多掘幾口井可成。
5. **生意開張**：尚須等待一些時日，做餐飲業、飲料類較佳。
6. **改行或變動**：不宜，最好不動。
7. **外出或交涉**：先要將利害公諸於對方，要經過長久謀合才行。
8. **考試**：平平。盡力不足。
9. **尋人**：其人就在你附近或周圍之處隱藏，要花一段時間來找。方向：由北往東南找。
10. **失物**：在屋內某處的深處。找起來有點麻煩。方向：由北往東南找。
11. **旅行**：不宜。途中有很多陷井。
12. **戀愛運**：順其自然，慢慢成功，否則會落入陷井之中。
13. **婚姻運**：宜多儲蓄資產和感情，否則你會成為陷井之物。
14. **子女運**：主生男。子女溫順。

15. 天氣：晴，但濕氣重。

16. 股市、期貨買賣：不佳，停滯。

17. 房地產市場：不佳。房市停滯，會慢慢變好。

18. 貴人運：靜心等待貴人會來。

有變爻時的吉凶判斷

＊初爻變：凶，無可獲、混亂。

＊二爻變：不吉，破甕漏水，僅有小魚。

＊三爻變：緩不濟急，大才無用。

＊四爻變：力圖整治，才勘大用。

＊五爻變：吉，可享受豐美泉水與果實。

＊六爻全變：信用要緊，大家有利，才為大吉。

49 ䷰ 澤火革 離下兌上 ——進行革命變革

革：巳日乃孚，元亨。利貞。悔亡。

初九：鞏用黃牛之革。六二：巳日乃革之，征吉，无咎。九三：征凶，貞厲。革言三就，有孚。九四：悔亡，有孚改命，吉。九五：大人虎變，未占有孚。上六：君子豹變，小人革面，征凶，居貞吉。

解釋：

革卦卦義為變革。上兌下離，澤水居於離火之上，水火相互熄滅，狀況對立，必須進行變革。

革卦：必須到了非改革之日才能變革，而且要取得眾人一致的信服擁護讚同改革才會成功，才會亨通。順乎人心所向，變革做到很恰當，才不致犯過錯。

初九：黃牛的皮革最堅韌，用它去固結初九使之不動，因此時不適合進行變革。**六二**：了非得要改革之日而革之才得吉，無過咎。**九三**：指此爻已是下體之終，變革形勢已成熟，但躁進為凶。應該細心謀劃變革之事，一次、兩次、三次，到了大家都相信必須變革就可以了。**九四**：指此爻正當改革之時，又可以承當變革重任，革而當，就無災悔。民眾都相信應該變革天命，就可以改朝換代了，這所以是吉的。**九五**：指九五為改朝換代後新的統治者，很有威嚴，有一番作為，新政朝綱令人矚目，不必占卜就有信用了。**上六**：指此為革道之終，指君子受其感化能自新其德，如豹換毛一般。民眾也改變所向，順從的接受新君統治。除去凶事，就會居於堅守吉的位置了。

革卦應事判斷吉凶

1. **運氣**：運氣不佳，急需改革，改革成功才會亨通，順人心而革才會吉。
2. **願望**：不能達成，改一個願望較容易達成。
3. **財運**：目前不佳，改變方法會有利。

◎簡易實用靈卦・易學

4. **求職**：另謀高職較佳。
5. **生意開張**：另謀地點較佳。
6. **改行或變動**：吉，宜早動。
7. **外出或交涉**：不吉，要換對象或交涉事項。
8. **考試**：用激烈陽剛的態度會考得好。
9. **尋人**：須改變方向或方法去找才可能找到。方向：從西從南找。
10. **失物**：小心找不回。要改變方向或方法去找。宜從西往南找。
11. **旅行**：改變行程才吉。
12. **戀愛運**：要換對象才會成功。
13. **婚姻運**：要換對象才會成功。
14. **子女運**：主生女。子女不好管教。
15. **天氣**：變化很快，早晚不一樣，早上陰，下午晴。
16. **股市、期貨買賣**：不佳，會下跌。
17. **房地產市場**：不佳，會下跌。
18. **貴人運**：換一個問題就能有貴人。

有變爻時的吉凶判斷

＊初爻變：不宜變革，宜不變應萬變。
＊二爻變：隨機應變，而當改必改。
＊三爻變：細心謀劃改革，操進為凶。
＊四爻變：宜改革或改朝換代。
＊五爻變：新官上任，氣象新，吉。
＊六爻全變：自新其德，除去凶事，吉。

50 ䷱ 火風鼎 巽下離上——烹煮食物以養聖賢

鼎：元吉，亨。

初六：鼎顛趾，利出否，得妾以其子，无咎。九二：鼎有實，我仇有疾，不我能即，吉。九三：鼎耳革，其行塞，雉膏不食，方雨虧悔，終吉。九四：鼎折足，覆公餗，其形渥，凶。六五：鼎黃耳，金鉉，利貞。上九：鼎玉鉉，大吉，无不利。

解釋：

鼎卦象像鼎。巽下離上，木上生火，有烹飪之象。鼎能煮食物，供上帝和聖賢食用。新君新立而得鼎，並鞏固所受之天命。這些都是特吉而亨通的事。

初六：指初六爻在鼎卦最下端如鼎之足趾，是鼎的開始，煮物之前會洗刷，顛覆鼎把惡穢不潔之物倒掉，不利反而變為有利。就像做妾的人以其子而得貴，一切變為有利了。**九二**：指九二為鼎腹，填肉於鼎腹，為『鼎有實』。九二並受告誡不可與初六相比，鼎中已有實物代表有真才實學，只可上往與六五相應才能發揮作用。與初六相比則是有疾，會被埋沒。如果九二能上往，就是吉。**九三**：指九三以陽剛為鼎腹中有實物，為有才學。九三應與上九相應，但兩剛爻相敵不相應，就好像鼎蓋很嚴密的蓋著，鼎內的雞肉雞湯無法拿出來食用。九三為懷才不遇的人。**九四**：指九四爻居上體而去應初六爻，九四居公位，把鼎弄翻了，美饌瀉了一地，立即汗流浹背，面紅耳赤，無容身之地。這是主凶的。**六五**：指六五柔爻為鼎耳，居中位，為黃色。用金屬之杠串耳橫貫鼎，將鼎抬到前面以養聖賢。鼎是堅固耐用的。**上九**：指上九為單位鼎口的蓋，用玉做成，很貴重。象徵食物已烹好，鼎道大成聖賢皆得其養，是大吉，無不利的事。

鼎卦應事判斷吉凶

1. **運氣**：吉。特吉而亨通，有口福之事更佳。
2. **願望**：可達成，屬於口福之類的願望更佳。
3. **財運**：極佳。如風助火勢一般得財。
4. **求職**：吉。會順利，能求得飯碗。
5. **生意開張**：吉。餐飲業更大發。
6. **改行或變動**：吉。積極更佳。
7. **外出或交涉**：積極可行。
8. **考試**：吉，成績好。
9. **尋人**：可找到，順風吹火勢，速度很快能找到。方向：從南向東南

◎簡易實用靈卦・易學

找。

10. **失物**：可找到，從南向東南找，與食物可關的東西更容易找到。
11. **旅行**：吉，會一面玩一面吃，旅遊與美食並重。
12. **戀愛運**：吉。雙方因美食相戀，未來會有好結果。
13. **婚姻運**：吉。用美食可攏絡對象。結婚會幸福。
14. **子女運**：主生女。子女是家庭中重要支柱。
15. **天氣**：晴朗，舒適。
16. **股市、期貨買賣**：吉，上漲，食品股最熱門。
17. **房地產市場**：吉。上漲，熱鬧。
18. **貴人運**：吉。貴人好吃食，聞香必顯現。

有變爻時的吉凶判斷

＊**初爻變**：吉。先準備完美才能得利。
＊**二爻變**：有真才實學，但要小心小人牽絆，能上進才吉。
＊**三爻變**：懷才不遇，要小心。

＊四爻變：凶，打翻了鍋，有災禍。
＊五爻變：吉，尊老敬賢則吉。
＊六爻全變：大吉，尊敬天道自然主大吉。

51 ䷲ 震為雷 震下震上 ——雷聲隆隆

震：亨。震來虩虩，笑言啞啞，震驚百里，不喪七鬯。
初九：震來虩虩，後笑言啞啞，吉。六二：震來厲，億喪貝，躋于九陵，勿逐七日得。六三：震蘇蘇，震行无眚。九四：震遂泥。六五：震往來厲，億无喪有事。上六：震索索，視矍矍，征凶。震不于其躬，于其鄰，无咎，婚媾有言。

解釋：

震卦之卦義為震動，卦象為雷，震有亨通之道。雷聲隆隆，聽到聲音會恐懼，就不會冒險行事而保安全而致福。而後啞言而笑。雷聲震百里之遠，使人皆驚懼，但是主祭者很專心的用匕匙取酒奉獻上蒼神靈，鎮定而敬重，指這樣的人可以做祭主了。亦指震為長子，為王位繼承人。

初九：此爻在震雷的開始，聽到雷聲而知恐懼，而後啞言失笑，始懼終安，主吉。**六二**：指六二爻距初九爻最近，受震動最厲害，危險最大，不能不退避。**六三**：指此爻以柔爻處陽位，居於下震之終，又臨上震之始，因此是雷聲連續，一道道的過了又響，使其受驚到骨肉發麻，骨頭酥了不能動了。**九四**：雷聲距地面很近，很快落入泥土之中。指九四爻沒發揮雷的作用。**六五**：指六五爻在上下兩個雷一往一來的時候都知道危厲，能小心謹慎。並可發揮柔中作用，不會有太大損失，雖處危地而無危險。**上六**：指上六爻為一卦之終，質柔薄弱，聽到一點雷聲就嚇得渾身萎縮，西眼斜視，想要逃跑，但未逃跑。這是因為上六爻未得中位，也未得處震之道。又見到相鄰的六五爻受震動就害怕，知道戒慎恐懼，因此無災咎。

震卦應事判斷吉凶

1. **運氣**：鎮定敬重，則可無懼，未來可掌大權。
2. **願望**：未來有希望達成。
3. **財運**：財運會慢慢才來。
4. **求職**：要再努力才能成功。
5. **生意開張**：要等待勿太急。
6. **改行或變動**：不要太冒險則可行。
7. **外出或交涉**：多協調，但不一定成功。
8. **考試**：成績平平。
9. **尋人**：被尋者因驚嚇而躲起來，只要過一段時間，驚嚇穩定後，才能找到。方向：到東邊去找。
10. **失物**：到東邊樹多之處找，或等它被震出來。
11. **旅行**：吉，小心途中有突如其來受驚嚇之事。
12. **戀愛運**：會有驚險疑懼之事，但最終會戀愛成功。

◎簡易實用靈卦．易學

13. **婚姻運**：中途會有起伏，最終還算圓滿。
14. **子女運**：主生男。為子女受苦，但最後有回報。
15. **天氣**：會轉變，由晴轉雷雨，或由雷雨轉晴。
16. **股市、期貨買賣**：差。下降很快，上升很慢。
17. **房地產市場**：差。跌升緩步移動。
18. **貴人運**：雷聲大雨點小，貴人難見。

有變爻時的吉凶判斷

＊**初爻變**：吉。知道戒慎恐懼即安。
＊**二爻變**：凶。受震動要躲避。
＊**三爻變**：凶。危險重重，一道又一道，要小心。
＊**四爻變**：平。危險在近身之處消失，但仍要小心。
＊**五爻變**：平。處險地而無危險，小心謹慎。
＊**六爻全變**：懦弱一點，但能保平安。

52 ䷳ 艮為山 艮上艮下——靜止如山

艮：艮其背，不獲其身，行其庭，不見其人，无咎。

初六：艮其趾，无咎，利永貞。六二：艮其腓，不拯其隨，其心不快。九三：艮其限，列其夤，厲薰心。六四：艮其身，无咎。六五：艮其輔，言有序，悔亡。上九：敦艮，吉。

解釋：

艮卦是卦義為靜止，卦象為山。艮卦六爻上下相敵不相應。初六對六四，六二對六五，九三對上九，剛柔相敵不相應，產生排斥而停止運動。

艮卦：像『背』在人的身後，從人正面看不到，它和人身體的五官四肢相違背，不相得。人走進庭堂，正面與人接觸打招呼，只有後背仍無法見人，由此可保持其靜止，故而無過咎。

初六：指初六為始爻，在人身上取象為腳趾，人走路必先動趾，要停止走路，就要『艮其趾』。如此是無過咎，有利於長久堅持的。**六二**：指六二在初六之上，在人身上代表為小腿肚，稱『腓』。九三爻是胯股。此句是說六二爻的小腿肚不想隨九三爻的跨股運動，又很難制止它，但它自己仍然不動，故其心有不快的感覺。**九三**：指九三爻代表人身上的胯股，在人上體與下體中間，為『艮其限』。此卦四個柔爻以九三居其中去劃分上下的界線為『列其夤』。內心不安如火燒心，心急如焚想要動，處境危厲。**六四**：此爻在卦體上為已入上體，在人身上以為胯股以上軀幹部份。上身軀體不動，保持靜止，是自然而止的，是無過咎的。**六五**：輔為頰，為嘴角兩旁之肉。此句為嘴角是靜止沒動的，代表講話有內容，有程序，未胡說八道，這樣就不會有災悔之事了。**上九**：指上九爻敦厚如山不動，堅定不移而得吉。

艮卦應事判斷吉凶

1. **運氣**：運氣靜止如死水，運氣相背，宜謹慎行事。
2. **願望**：不能達成，宜再等待。
3. **財運**：不佳，無財可進。
4. **求職**：不吉，要等待。
5. **生意開張**：不吉，暫時不適宜。
6. **改行或變動**：不吉，不變才好。
7. **外出或交涉**：很難成功，宜再研究。
8. **考試**：不吉，成績不佳。
9. **尋人**：找不到，事與願違，意見相背而不見。方向：在東北方一帶。
10. **失物**：找不到。在東北方一帶。
11. **旅行**：不吉。宜取消行程。
12. **戀愛運**：不吉。無結果，沒感覺。

◎簡易實用靈卦・易學

13.**婚姻運**：不吉。有大山阻礙在前，難順利。

14.**子女運**：主生男，小心有產險。

15.**天氣**：壞天氣連著。

16.**股市、期貨買賣**：不佳，會下跌或停滯不動。

17.**房地產市場**：不佳。會下跌或停滯，找不到好房子。

18.**貴人運**：無。貴人不顯。

有變爻時的吉凶判斷

＊**初爻變**：停止。暫時不動為吉。

＊**二爻變**：無法與人合作，會不愉快。

＊**三爻變**：凶。動則得咎。

＊**四爻變**：平。宜自然停止。

＊**五爻變**：少胡說八道，則無災悔。

＊**六爻全變**：堅定不移，敦厚為吉。

53 ䷴ 風山漸 艮下巽上 ——漸漸而進

漸：女歸吉，利貞。

初六：鴻漸于干，小子厲，有言，无咎。六二：鴻漸于磐，飲食衎衎，吉。九三：鴻漸于陸，夫征不復，婦孕不育，凶，利禦寇。六四：鴻漸于木，或得其桷，无咎。九五：鴻漸于陵，婦三歲不孕，終莫之勝，吉。上九：鴻漸于陸，其羽可用為儀，吉。

解釋：

漸卦之卦義為漸漸而進，如同女子出嫁，必須有所等待，其中要經過問名、納采、迎親、成禮而漸漸進入夫家，宜緩不宜速，如此是正確而有利的。

初六：以鴻雁做比喻，鴻雁離開水面，漸漸到岸邊而止，走不遠。指初六爻像幼稚兒童的小子一般離開家也不敢走遠，符合了卦義，而無過咎。**六二**：為鴻雁從岸邊漸漸進至岸上的磐石之上，吃飽了安樂的休息。但此為充實其實力，等待時機有歸宿，而得吉。**九三**：指九三爻為剛爻，為鴻雁漸漸進到平原上了。九三爻代表夫，急於上行，有去無往，故稱『夫征不復』。六四爻與九三爻為逆比，為夫妻，急速婚配，因此造成婦不懷孕，不能生育，為凶。因此告誡九三，六四對你來說是敵寇，是不適合婚媾的，只有防禦它的侵犯，不可上行要不動，才能安全。**六四**：鴻雁漸漸進到樹木上了，樹木非其所居之地，雁又待在房檐的椽頭上了，在此很安全。此指六四爻，能隨遇而安，不急進，使有咎變無咎。**九五**：鴻雁漸至高一些的土山上。此九五爻與六二爻相應，剛柔並濟。妻子三年沒懷孕，但是正娶，其他妻妾不敢與她相比相爭，終於得所願，男婚女嫁而得家室，故言『吉』。**上九**：鴻雁飛上天空，翅膀翩翩，非常整齊，隊形也很有次序，此為『漸』道已成。唯有漸進而後能有急進。這樣才吉。

漸卦應事判斷吉凶

1. **運氣**：慢慢前進為吉，不可急躁。
2. **願望**：用漸進的方式有希望達成。
3. **財運**：還算順利，財富要慢慢累積。
4. **求職**：吉。勿心急。
5. **生意開張**：吉，慢慢籌備可開張。
6. **改行或變動**：吉。先計劃再實行，可成。
7. **外出或交涉**：謹慎小心可成功。
8. **考試**：漸漸有進步，一次比一次好。
9. **尋人**：慢慢去找會找到。方向：從東南往東北找。
10. **失物**：慢慢可找到。方向從東南往東北找。
11. **旅行**：吉，行程勿匆忙。
12. **戀愛運**：吉。要按步就班，過程緩慢，可成功。
13. **婚姻運**：吉。過程雖緩慢，未來有幸福。

◎簡易實用靈卦・易學

14. **子女運**：主生女。子女乖巧溫順。
15. **天氣**：慢慢變好中。
16. **股市、期貨買賣**：慢慢往上升。
17. **房地產市場**：慢慢緩步上升。
18. **貴人運**：有。要小心等待有貴人。

有變爻時的吉凶判斷

＊**初爻變**：吉。離家別太遠為吉。
＊**二爻變**：吉。安樂享福得吉。
＊**三爻變**：凶，勿衝動敵我不分。
＊**四爻變**：隨遇而安，不急進則不凶。
＊**五爻變**：剛柔並濟，行正道而吉。
＊**六爻全變**：漸進而後能急進為吉。

54 ䷵ 雷澤歸妹 兌下震上——嫁歸夫家

歸妹：征凶，无攸利。

初九：歸妹以娣，跛能履，征吉。九二：眇能視，利幽人之貞。六三：歸妹以須，反歸以娣。九四：歸妹愆期，遲歸有時。六五：帝乙歸妹，其君之袂，不如其娣之袂良。月幾望，吉。六六：女承筐无實，士刲羊无血，无攸利。

解釋：

歸妹卦與漸卦為一組，歸妹為女家男，而漸卦為男娶女。此卦下兌上震，兌為少女，震為長男，代表少女先喜悅，使長男動情後，少女急於下嫁，不可再留家中，只能讓她嫁歸到夫家，故稱『歸妹』。此卦有夫懦弱屈服於婦，而婦強勢制管其夫之象，因此往凶的一面，位不當，無長久之利。

初九：指妹妹隨姐下嫁而稱娣，此為恒常婚配。初九雖處於偏房妾的地位為跛足能行，仍可行妻妾之道協助正室的姐姐共同侍奉丈夫，得吉。**九二**：指九二爻為未婚嫁之女子，斜眼能看人，亦能深居閨門安靜自守貞操。**六三**：指六三爻柔居陽位不當，有如已訂婚但不守本分的女子，被男方休掉退回來，只好作為娣才能陪嫁出去。**九四**：指有才德之女子，沒人來求婚，未能及時嫁出去，但不是沒人要，遲早仍會嫁出去的。**六五**：帝乙為殷紂王之父，貴為天子，嫁女兒給殷臣屬的周文王為妻，屈尊就卑，其所穿服飾衣袖之美還不及陪嫁者娣的衣袖華麗，說明其有美德不外飾。成就美滿姻緣，周文王一個月中幾次看望她，這是主吉的。**上六**：指新婚夫婦祭宗廟，空筐中無祭品，丈夫宰羊是死羊，無血做祭品，表示此女子柔弱不能生育，對夫來說，娶妻等於無妻，故無利可言。

歸妹卦應事判斷吉凶

1. **運氣**：先吉後凶，要小心陰盛陽衰，以及桃花色情、感情等問題及糾紛。

2. **願望**：先達成後不利。

3. **財運**：先進財後敗財。

4. **求職**：起先順利，後來失敗。

5. **生意開張**：先吉後凶，不適宜。

6. **改行或變動**：暫時等待。

7. **外出或交涉**：先吉後凶，會失敗。

8. **考試**：成績起伏，落差大。

9. **尋人**：因感情或婚事出走，宜小心有凶事。方向：從東往西找。

10. **失物**：不易找回，已變形無法認清了。方向：從東往西找。

11. **旅行**：先吉後凶，有阻礙。

12. **戀愛運**：先快樂後痛苦，最後分手。因女強男弱。

13. **婚姻運**：要小心有第三者或一方有劈腿事件。

14. **子女運**：主生女。小心子女桃花多，有桃花煞。

15. **天氣**：先晴後變雨。

◎簡易實用靈卦・易學

16. **股市、期貨買賣**：先好後下跌。

17. **房地產市場**：先好後下跌。

18. **貴人運**：初時有貴人，中途貴人撒手不管。

有變爻時的吉凶判斷

＊**初爻變**：還吉，居弱位能忍讓得吉。

＊**二爻變**：吉。閉門自守貞操。

＊**三爻變**：凶。不守本分會不值錢。

＊**四爻變**：吉。等待好時機會有良緣。

＊**五爻變**：吉。有美德不外飾，節儉謙讓為吉。

＊**六爻全變**：凶。無利可言。

55 ䷶ 雷火豐 離下震上 ——如太陽般豐盛且明

豐：亨，王假之，勿憂，宜日中。

初九：遇其配主，雖旬无咎，往有尚。六二：豐其蔀，日中見斗，往得疑疾，有孚發若，吉。九三：豐其沛，日中見沫，折其右肱，无咎。九四：豐其蔀，日中見斗，遇其夷主，吉。六五：來章，有慶譽，吉。上六：豐其屋，蔀其家，闚其戶，闃其无人，三歲不覿，凶。

解釋：

豐為極其豐盛，會亨通。做為君王只要使自己如中午之太陽既盛且明，保持盛大，就可以不必憂慮，繼續守中保有盛大，照察天下。

初九：指初九爻與相應的九四爻相遇，兩剛力敵成對立局面，誰也戰勝不了誰，這是守中，沒有弊病。如果打破了這種均衡就必然帶來災難。**六二**：在中午陽光極豐時，突然有物障遮蔽了太陽，以致連北斗星都可看見了。在這種情形下的六二爻不能發揮作用也不動，信守中道，當六五爻允許其再動才動。這才是吉的。**九三**：指九三居離體，得位，但已過中，有如太陽已過午偏西，豐大之光則漸不豐，天空有如夜幕降臨般黑暗，以致北斗星後的小星星也能看見，此時告誡九三應採取保身之道，不可輕舉妄動，以免有折其右大腿的傷身之禍，不傷身是無過咎的。**九四**：指九四爻能動不能明，須下體的離明之助，它與初九匹敵相均衡，這是吉的。**六五**：指此爻與六二相應，六五主動向六二求明，兩爻互補不足，動不過中，雖大而保其豐，而獲得吉慶。**上六**：指上六爻把房子蓋得很大，幾乎頂到天了，有大風來把房頂刮得飛起來在天空飛翔，它自己失去了安身之所。接著它又把家門窗關得很嚴緊，一點光線也沒有，往裡窺視，什麼也看不見，像是空無一人。以至三年都沒看到屋裡面有何動靜，因此主凶。

豐卦應事判斷吉凶

1. **運氣**：吉。運氣亨通，如日中天，小心勿過於驕傲。
2. **願望**：可達成，要謙虛。
3. **財運**：佳，但勿好大喜功，否則會投資失敗。
4. **求職**：吉，勿傲慢。
5. **生意開張**：吉。生意好。
6. **改行或變動**：吉。趕快動。
7. **外出或交涉**：吉。要小心受騙。
8. **考試**：吉。成績好，但勿大意。
9. **尋人**：可找到。方向：宜從東向南找。
10. **失物**：用心可找到。方向：宜從東向南找。
11. **旅行**：吉。快樂旅行。
12. **戀愛運**：吉。勿驕傲自大，則吉。
13. **婚姻運**：吉。是一對快樂有名譽的夫妻。

14. **子女運**：主生男。子女多，可幸福。

15. **天氣**：晴，未來會變天。

16. **股市、期貨買賣**：吉。會上漲，但小心隨後要下跌。

17. **房地產市場**：會上漲，後段會下跌。

18. **貴人運**：有。貴人是名聲大、正直，能明察秋毫的人。

有變爻時的吉凶判斷

初爻變：要勢均力敵便無災害。

二爻變：狀況不佳時，要小心謹慎才吉。

三爻變：運氣如日偏西，黑暗即將來臨，要有保身之道以免傷身，不傷身才吉。

四爻變：吉。須有人幫助才會吉。

五爻變：吉。雖大而保其豐。

六爻全變：凶。家大而內裡黑暗，終凶。

56 火山旅

艮下
離上

——旅居在外之道

旅：小亨。旅貞吉。

初六：旅瑣瑣，斯其所取災。六二：旅即次，懷其資，得童僕，貞。九三：旅焚其次，喪其童僕，貞厲。九四：旅于處，得其資斧，我心不快。六五：射雉，一矢亡，終以譽命。上九：鳥焚其巢，旅人先笑後號咷，喪失于易，凶。

解釋：

旅卦指旅居在外，只能求小通以安其身，不可求大通以幹大事，必須行柔順之道，剛強則無處容身。過於柔順易失掉人格受辱，柔順適中又投靠強有力人之下是處旅的正道。故言小亨，旅才吉。

初六：指初六爻以柔爻居此卦最下位，像困境中柔弱之人，身窮志短，又斤斤計較小事，從而招來災難。**六二**：指此爻以柔居陰位又在下體中位，處旅正道，在旅途中能受到主人熱情招待，安排住宿，還有童僕侍候，無怨尤。**九三**：指此爻質剛用剛，高傲不為人所容，於是所住的房舍被人放火燒了，童僕也跑了，如此是非常危險的。**九四**：指此爻剛居陰位，代表它質剛而能柔有才幹，由於寄人籬下，才幹無法發揮，心中怏怏不快。**六五**：指此爻以柔居陽位，又在上體之中，質剛用柔又剛柔適中，指它取得主人信任之後又賜給爵祿官位而榮升了。**上九**：指此爻以剛爻在一卦之最上，為一位高傲又居於主人之上的羈旅之人，終為人所不容而焚其巢而無處安身。旅人先狂笑後號啕大哭，他應該效法牛的柔順，不要剛愎自用，結果遭致凶。

此卦應事判斷吉凶

1. **運氣**：要以柔克剛，依靠強有力人，處處小心，退讓才吉。
2. **願望**：小願望尚可達成，大願望未必。
3. **財運**：要小心不順，接濟不上，恐窮困。
4. **求職**：宜求貴人幫助，但未必會成。

5. **生意開張**：凶。未必開的久。
6. **改行或變動**：凶，已變動厲害，不宜再變動。
7. **外出或交涉**：吉少多勞，不太順利。
8. **考試**：成績不佳，起伏大。
9. **尋人**：該人為旅人路過，不好找。方向：宜從南往東北方找。
10. **失物**：難找。方向：宜從南往東北方找找看。
11. **旅行**：不得不去，但途中辛苦、波折多，仍要前往。
12. **戀愛運**：對方為羈旅，無意長留，故無結果。
13. **婚姻運**：對方不定性，不常在家，主凶。婚姻聚少離多，不幸福。
14. **子女運**：主生女。未來子女不在身邊、緣薄。
15. **天氣**：不穩定，時好時壞。
16. **股市、期貨買賣**：不佳，易下跌，或起伏大。
17. **房地產市場**：不佳，易下跌或起伏大。
18. **貴人運**：有時有，有時無，不常出現。

◎簡易實用靈卦．易學

有變爻時的吉凶判斷

*初爻變：凶。身窮志短，頻招災難。
*二爻變：吉。到處有貴人幫忙，也有人侍候。
*三爻變：凶。驕傲被人害，有性命危險。
*四爻變：不吉。有才幹不被重用而不悦。
*五爻變：大吉。得人信任，有祿位榮升之喜。
*六爻全變：凶。高傲又寄人籬下，招災。

57 ☴ 巽為風 巽上巽下 ——天子號令

巽：小亨。利有攸往，利見大人。

初六：進退，利武人之貞。九二：巽在床下，用史巫紛若，吉无咎。九三：頻巽，吝。六四：悔亡，田獲三品。九五：貞吉，悔亡，无不利。无初有終，先庚三日，後庚三日，吉。上九：巽在床下，喪其資斧，貞凶。

解釋：

巽為風，代表天上的號令。上下兩巽相重，為『重巽』，是說命令發佈使萬民知曉順從，反復叮嚀。君主的命令能通行無阻，萬民按照君主的命令而行事。

初六：指此爻居一卦之下位，如小民無知，君王命令下達使茫然不知所措，用武人之勇，則可整治其混亂，能順命而不退縮了。**九二**：指此爻聽君王（指九五爻）命令一下達，便跪拜於地，表示服從，但它還是怕九五君主不相信自己，於是用史和巫這些神職人員去上下疏通，使九五不再懷疑，九二才吉無過咎。**九三**：指此爻屢屢順從，屢屢又不順從，反復無常，稱『頻巽』。指九三志窮，不振作，無法行巽順之道，只能羞吝而已。**六四**：指六四柔爻在兩剛爻之上，本來應有不巽順應有過悔，但得上卦巽體之主，又無災悔了。並且順從九五君王的命令去打獵，得到三個等級的獵貨而有功。**九五**：指此爻居陽位得中正，百事順則吉，無過悔，無不利。九五居上位，稱無初有終，剛巽乎中正而志行，因此先行三日，後行三日皆吉。**上九：**指上九接到命令跪在地上不敢起來，如武人喪失其素質和武器，不能發揮其剛強的作用，表現很懦弱，這正是凶兆。

巽卦應事判斷吉凶

1. **運氣**：很柔順聽話，沒有自己主見則吉。
2. **願望**：宜柔順，沒有意見才能達願望。
3. **財運**：要順其變化，才能賺到錢。
4. **求職**：要請有能力的人物介紹才會成功。
5. **生意開張**：勿急迫，要順其自然。
6. **改行或變動**：不能勉強和性急，慢一點可吉。
7. **外出或交涉**：宜請人協調為吉。
8. **考試**：成績平平。
9. **尋人**：躲在大戶人家中隱藏，要用計謀和關係能找出。方向：在東南方高處。

10. **失物**：藏在大件物品之下。方向：在東南方高處。

11. **旅行**：吉。依規定而行，萬事吉。

12. **戀愛運**：對方有大男人主義或大女人主義，幽默感及善於溝通可打破藩籬而成功。

13. **婚姻運**：有起伏不順，稍有阻礙，但請地位高的人作媒，可成功。

14. **子女運**：主生女。養子女辛苦，注重教養，子女也會成功。

15. **天氣**：晴朗有風的天氣，未來會變天。

16. **股市、期貨買賣**：起伏大，小心刮大風。

17. **房地產市場**：起伏大，能賺投機的錢。

18. **貴人運**：吉。有地位權勢的貴人會出現。

有變爻時的吉凶判斷

***初爻變**：無知，不知所措主凶。有謀有勇肯整治為吉。

***二爻變**：平，上下疏通，打通關節而無災。

＊三爻變：反復無常，志窮主凶。

＊四爻變：有功抵過，打平。

＊五爻變：吉。一切順利。

＊六爻全變：太懦弱無法發揮剛強作用，主凶。

58 ䷹ 兌為澤 兌下兌上 ——喜悅親近善者

兌：亨，利貞。

初九：和兌，吉。九二：孚兌，吉，悔亡。六三：來兌，凶。九四：商兌未寧，介疾有喜。九五：孚于剝，有厲。上六：引兌。

解釋：

兌為說，同悅，即喜悅。兌卦為兌下兌上，象徵待人接物不粗暴，內心有實德不虛偽，而使人喜悅，是真正發自內心，故以利貞。

又猶如兩澤相連又相互依附，相互滋潤，如朋友相互講習有所補益，使人勤勉奮發，也是吉的。

初九：指初九爻與九四爻相應，是剛爻居陽位，不與柔爻往來，稱『和兌』，與邪媚的六三陰爻沒有關係，行為沒有任何懷疑，初九爻是和而不同流合污的，因此吉。**九二**：指九二爻為剛爻和六三爻相鄰，總以媚態招引它，所幸九二爻是中正守正道的，終於得吉無災悔了。**六三**：指此爻以柔爻居陽位不當，內心無實德，專喜誘惑別人，其道不正，故凶。**九四**：指此爻位在九五剛爻和六三柔爻之間，但為陰位易動搖，心裡商度權衡要靠向那一邊，不得安寧，但最後還是從九五剛爻，與有害於自己的六三陰爻劃清界線，介然自守，除疾而喜。**九五**：指警戒九五爻於喜悅之時，不可親近居上的上六陰邪之人，否則會改變九五剛爻的性質，最後被腐蝕掉，這是有危厲的！**上六**：指此爻以柔居陰位，又處在一卦之極上位置，是極其陰邪不正，故稱『引兌』。代表逢人便被吸引而去，招徠別人喜悅自己，但沒人理睬它，技倆也發揮不出效果，因此不論吉凶。

兌卦應事判斷吉凶

1. **運氣**：運氣大吉，喜事連連，勤勉奮發，但要小心感情糾紛。
2. **願望**：可成功達成，心懷喜悅。
3. **財運**：佳。能賺到滿意的收入。
4. **求職**：吉。可成功找到滿意工作。
5. **生意開張**：吉。興隆，有幹勁。
6. **改行或變動**：吉。積極努力可成功。
7. **外出或交涉**：用幽默輕鬆的感覺能化解歧見。
8. **考試**：吉。考運好，有朋友陪考，更有助益。
9. **尋人**：會與感情有關，很容易找到。方向：西方靠水邊地帶。
10. **失物**：可找到。會與感情有關之物。方向：西邊靠水邊地帶。
11. **旅行**：吉。會玩得開心愉快，且有艷遇。
12. **戀愛運**：可成功，兩情相悅，相互依附。但工作忙會成為絆腳石。
13. **婚姻運**：吉。為良緣，要多關心對方。

14. **子女運**：主生女。可幸福，要小心小孩有桃花煞。
15. **天氣**：晴轉陰。
16. **股市、期貨買賣**：吉。上升，未來有可能下跌。
17. **房地產市場**：吉。上升。
18. **貴人運**：有。貴人美麗溫柔，亦可能為異性貴人。

有變爻時的吉凶判斷

* **初爻變**：吉。合作而不同流合污。
* **二爻變**：吉。不受誘惑，操守正才會吉。
* **三爻變**：凶。喜誘惑別人，道不正。
* **四爻變**：凶。意志要堅定，介然自守才能吉。
* **五爻變**：凶。小心被腐蝕掉，有危險。
* **六爻全變**：凶。誘惑別人沒效果，技不如人。

59 風水渙 坎下巽上 ——渙散聚合

渙：亨，王假有廟。利涉大川，利貞。

初六：用拯馬壯，吉。九二：渙奔其机，悔亡。六三：渙其躬，无悔。六四：渙其群，元吉。渙有丘，匪夷所思。九五：渙汗其大號。渙王居无咎。上九：渙其血，去，逖出，无咎。

解釋：

渙卦之卦義為渙散。如江河之水冬季凝結成冰，窮困不通，春季有風吹動，冰渙散而化為水在流動，由不通而致通，故言亨通。王者祭祀宗廟與祖先團聚，又能聚合人心，使臣民團結在王的四周。渙散時雖有危險，但涉險歷難之後，更有利於人心合聚，有利堅固。

初六：指人心剛渙散時，乘上強壯之馬，急速去拯救可轉危為安，得吉。**九二**：指九二爻代表人心渙散形勢已定，九二爻奔赴其几，依几而坐，好像很安閑的樣子，不受渙散危難的牽累，行我所願，就無災悔。**六三**：指六三爻以柔爻居陽位不中，於人心渙散時忘身以濟渙，雖不能濟天下之渙，卻與上九爻相合，終得合聚而不離散。**六四**：指六四爻以柔居陰位，又近比九五爻，為柔正之臣在人心渙散不成群的時候，混天下為一，為之成群而不相離背，因此得大吉。六四爻的行為光明正大，不樹朋黨，因此能安君，又能得人心所歸，拯救天下之渙散。以一個柔正之臣來說，這是讓人想不到的。**九五**：指天下人心渙散，如王者身患疾病出大汗，經過六四爻的聚合人心，疾病已好，王者號令可通行，君王又居正位太平無事而無咎了。**上九**：指上九爻與六三爻相應，有重新陷入渙散危險的可能，坎為血卦，故稱渙其血，只有和六三保持一定的距離，不過份親密才不會被害而無災咎。

渙卦應事判斷吉凶

1. **運氣**：冬去春來，運氣大開亨通，聚合人心，精誠團結。

◎簡易實用靈卦．易學

2.**願望**：可達成。
3.**財運**：先有不順及困難，未來慢慢會成功。
4.**求職**：吉，會成功。
5.**生意開張**：吉。宜先謹慎，靠人緣會成功。
6.**改行或變動**：吉。宜有人緣可成功。
7.**外出或交涉**：須歷經千辛萬苦才成功。
8.**考試**：成績普通。
9.**尋人**：已遠離，但已知道下落，將回。方向：從東向北找。
10.**失物**：找不到了。方向：從東向北找。
11.**旅行**：可，但途中要小心是非。
12.**戀愛運**：起先不佳，有障礙，但後運佳，能成功。
13.**婚姻運**：先有困難，後來完美。
14.**子女運**：主生女。養兒育女很辛苦，後來才幸福。
15.**天氣**：有大風，但在轉好之中。
16.**股市、期貨買賣**：先壞後再上漲。

17.**房地產市場**：先壞後上揚。

18.**貴人運**：先無後有，最後聚合而來。

有變爻時的吉凶判斷

＊**初爻變**：吉。及時拯救，轉危為安。

＊**二爻變**：形勢不佳，好整以暇，不受牽累。

＊**三爻變**：人心渙散，忘身相救，終於挽回局勢，先凶後吉。

＊**四爻變**：行為光明正大、不自私，有意想不到之大吉。

＊**五爻變**：拯救疾病，又能太平無事，而吉。

＊**六爻全變**：要小心謹慎，不過分親密才吉。

◎簡易實用靈卦·易學

60 ䷻ 水澤節 兌下坎上 ——節制約束

節：亨。苦節不可貞。

初九：不出戶庭，无咎。九二：不出門庭，凶。六三：不節若，則嗟若，无咎。六四：安節，亨。九五：甘節，吉，往有尚。上六：苦節，貞凶，悔亡。

解釋：

節卦之卦義為節制。節卦就是對事物發展進行節制和約束，使其不超過中線向兩極發展。如果事物能守中，就能保持亨通。如果越過中線再苦苦去節制也難使其歸於中道，這對於節制來說，是窮途末路道窮的意思。

初九：節卦以澤節水取象。初九爻在兌體最下為澤底，應該是封閉的，如此才能蓄水，故言『不出戶庭』。如此是無災咎的。**九二**：

九二爻為澤中間，為剛爻則阻塞，比喻水被阻止於澤中不能流通，則凶。**六三**：此爻代表澤上，以柔爻居第三位不能節，因此從兌澤的此處潰決傾瀉而下，六三爻自己嗟嘆，感到遺憾，但無災過，因沒人苛責它。**六四**：指六四爻已入此卦上體坎部最下，為澤底之水不泛不溢，接受節制，故稱『安節』。安於接受節制，但會隨其上九五爻變化。如此就是吉的、亨通的。**九五**：指此爻為剛爻居陽位得中，處於澤水將滿未滿。如果在此進行節制最佳，上有源，下能泄，不會乾涸，又不會橫溢，是節的中界線，故稱『甘節』，很適中，非常吉。但水位居中，並無節制，因此相應的九二爻才會凶。**上六**：指上六為澤上之水，本該及時洩出，因九二爻若苦節制不住，而造成六三的潰決而致澤水全部流出，以致澤底留有鹽份的苦水。如此節制不當，自然是凶的，為道之窮怎會無災悔呢！

節卦應事判斷吉凶

1. **運氣**：做事要節制和約束，守中道就能亨通主吉。

◎簡易實用靈卦．易學

2. **願望**：目前不成，需多等待。
3. **財運**：要節制勿浪費才行。
4. **求職**：目前不吉，要再等待。
5. **生意開張**：暫時不行，要等待時機。
6. **改行或變動**：目前不行，要多考慮。
7. **外出或交涉**：要多有耐心，千萬不能衝動，以防失敗。
8. **考試**：成績普通，數學未必好。
9. **尋人**：在附近藏著，不好找。方向：由北向西找。
10. **失物**：在屋內，不好找。方向：由北向西找。
11. **旅行**：要等待，有好時機才出發。
12. **戀愛運**：要忍耐、小心，節制感情，勿濫情，則會成功。
13. **婚姻運**：要按步就班的交往，慢慢可成功。
14. **子女運**：主生男。子女溫順、平安。
15. **天氣**：晴朗。
16. **股市、期貨買賣**：要節制才會賺錢。

17. **房地產市場**：要節制才有收穫。
18. **貴人運**：有。但他會小心節制幫忙。

有變爻時的吉凶判斷

＊**初爻變**：凶。運氣不通，但無災病。
＊**二爻變**：凶。運氣不流通。
＊**三爻變**：能力不足、潰決、嘆息，沒人怪它，仍不吉。
＊**四爻變**：接受節制，跟隨主人，就會吉。
＊**五爻變**：吉。上有源，下能泄，有調節功能，大吉。
＊**六爻全變**：節制不當，主凶。

61 ䷼ 風澤中孚 兌下巽上 ——信守中道、勿雞啼充鶴鳴

中孚：中孚豚魚，吉，利涉大川。利貞。

初九：虞吉，有它不燕。九二：鳴鶴在陰，其子和之。我有好爵，五與爾靡之。六三：得敵，或鼓或罷，或泣或歌。六四：月幾望，馬匹亡，无咎。九五：有孚攣如，无咎。上九：翰音登于天，貞凶。

解釋：

中孚為信守中道，守信如江豚魚，江面起風，它就浮出水面，南風則口向南，北風則口向北，從不失信。人要像江豚魚一般守信則吉。中孚卦為巽在兌上，有木舟行於澤水之上之象，則可以涉險歷難而致通。

初九：此初九爻為與人結交的開始，信守中道，擇善而從，捨棄

正應的六四爻而親比九二，能度測為吉。而不與六四燕好。**九二**：此爻以剛居中位，中道充實於心中，堅定不移，聲名傳播於外，人人都想和他親近。有如母鶴在山陰處啼鳴，子鶴就在遠處和應。又像是我有好酒，別人也願意與你共享一醉。**六三**：指六三與六四爻都是柔爻不中相匹敵，故曰『得敵』。六三爻無操守，或動或止，不中不正，喜怒無常，又哭又歌，是位不當之故。**六四**：指六四爻不與六三爻相比，就好像相匹的兩馬亡了一隻。六四斷了與同類六三的相比關係，而後才能上與九五爻相親比，才能得正道，如此才無過咎。**九五**：指九五爻與六四爻信守中道，一剛一柔緊緊連結在一起不分離而吉，無過咎。**上九**：雞振其羽翮後出聲為翰音。指上九以剛爻居上位、陰虛不中又虛張聲勢，賣弄虛名，以雞叫去效法九二的鶴鳴，還希望遠傳天外而能得到回響和響應，欺世盜名，終究會失敗遭凶事的。

中孚卦應事判斷吉凶

1. **運氣**：要講信用、誠實則運氣好，否則為凶。

◎簡易實用靈卦・易學

2. **願望**：可成。但小心無誠信則失敗。
3. **財運**：有信用財運佳。
4. **求職**：順利。誠信很重要。
5. **生意開張**：吉。要有信用會更吉。
6. **改行或變動**：可行，不能太急躁。
7. **外出或交涉**：會成功，但要有誠信。
8. **考試**：成績還不錯。
9. **尋人**：心中篤實，便會回來，尋找方向：從東南向西找。
10. **失物**：遺失在自家或室內，有人會送還。方向：從東南向西找。
11. **旅行**：吉。快樂出行。
12. **戀愛運**：有誠意才會成功。
13. **婚姻運**：信實、誠懇，得良緣。
14. **子女運**：主生女。子女乖巧、平安。
15. **天氣**：平平，很舒適、改變不大。
16. **股市、期貨買賣**：平。在檔處，不動。

17. **房地產市場**：平。在高檔處不動。

18. **貴人運**：有。精誠感召貴人來幫忙。

有變爻時的吉凶判斷

＊**初爻變**：吉。信守中道，擇善而從之。

＊**二爻變**：吉。人緣特好，利益均享。

＊**三爻變**：凶。不中不正，喜怒無常。

＊**四爻變**：要一心向上，勿同類相聚，則吉。

＊**五爻變**：信守中道，陰陽相連而吉。

＊**六爻全變**：凶。欺世盜名，最終失敗。

62 ䷽ 雷山小過 艮下 震上 ——矯枉過正

小過：亨，利貞。可小事，不可大事。飛鳥遺之音，不宜上，宜下，大吉。

初六：飛鳥以凶。六二：過其祖，遇其妣。不及其君，遇其臣，无咎。九三：弗過，防之；從，或戕之，凶。九四：无咎。弗過，遇之，往厲必戒，勿用，永貞。六五：密雲不雨，自我西郊．公弋取彼在穴。上六：弗遇，過之，飛鳥離之，凶，是謂災眚。

解釋：

小過卦全卦四柔爻對二剛爻，陽大陰小，因柔過而稱小過。是陰柔稍過，進行矯正，又勢必矯枉過正才能反歸中道，故稱『小過』。比常理稍過而已，而亨。矯枉過正也要審時度事而行，不是任何時候都可用的。因矯正是失中而得中，因此只能做小事，不可幹大事。飛鳥飛過天空，所遺留下的聲音，鳥飛得高則其鳴聲讓人聽見時，鳥已飛遠了。鳥飛得低，往下飛，其聲音大，鳥也飛沒多遠，如此來解釋事物上行是背逆中道，下降則能順乎中道。這才大吉。

初六：指此爻處小過的開始，過甚小，但鳥卻反其道而高飛，自作孽，故凶。**六二**：指六二爻為『柔得中』之爻，越過九三與九四，去與六五相應，九三陽剛為父，九四陽剛為祖父。六五爻陰柔為祖母稱妣。六二爻去與祖母六五爻相應，但又發現兩柔不相應，就立刻反回本位居於臣位，並無和六五爻的君位相應，故稱『不及君』，沒做出超越為臣之事，又能自覺返回，過而不為過。**九三**：指九三爻以剛爻居陽位過剛不中，如果九三爻去追逐攻取柔爻必遭殘害而致凶，唯有不追逐才能保全自己。**九四**：指九四爻以剛居柔位，剛柔相濟，可以和柔爻有來往，為『弗過遇之』。但與柔爻打交道有危險，要戒慎恐懼，故『往厲必戒』。最後只能無所作為才能保證自己中正固守而長久存在。**六五**：指六五爻本身為陰爻居上位越過中，密雲不雨是因為陰陽二氣未中和，又因密雲來自西方（陰方），是陰盛陽弱，因此六五爻只有下降才能反歸於中。**上六**：指上六爻居一卦之終的最極地，不可能與中界線相遇，就像飛鳥愈飛愈高，就飛離一去不復返了。然後也必然走向窮極不通，而生災變，導致柔的自身衰亡。

小過卦應事判斷吉凶

1. **運氣**：不動沈潛為吉。急進為凶。
2. **願望**：小願望可達成，大願望不可能。
3. **財運**：不佳。要小心存錢儲蓄才行。
4. **求職**：不成功。你會有過失成為把柄。
5. **生意開張**：凶，有過錯而失敗。
6. **改行或變動**：凶。不吉，不動才好。
7. **外出或交涉**：大事不成功，小事要磨，也未必佳。
8. **考試**：成績很差，要重考。
9. **尋人**：此人易遠走他鄉，不宜找到。宜從東北向東面去找。
10. **失物**：東西被偷走或遺失了，再也找不回來。宜從東北方向東去找。

11. **旅行**：有災難，不宜行。

12. **戀愛運**：對方會變心或劈腿有過錯而不吉，沒結果。

13. **婚姻運**：須重加考慮，選不對人，凶。

14. **子女運**：主生女，子女不乖多過錯，養子勞苦。

15. **天氣**：不佳。

16. **股市、期貨買賣**：技術上有過失而下跌。

17. **房地產市場**：有問題下跌。

18. **貴人運**：無，貴人不來。

有變爻時的吉凶判斷

＊初爻變：凶。自作孽，不可活。

＊二爻變：平。忙了半天，仍未超越本份，故不為過。

＊三爻變：凶。要明哲保身。

＊四爻變：平。固守中正，才能長存。

＊五爻變：凶。密雨不下雨，只有屈身下降才行吉。

＊六爻全變：凶。窮極不通，會衰亡。

63 ䷾ 水火既濟 離下坎上——大功已成

既濟：亨小。利貞。初吉終亂。

初九：曳其輪，濡其尾，无咎。六二：婦喪其茀，勿逐，七日得。九三：高宗伐鬼方，三年克之，小人勿用。六四：繻有衣袽，終日戒。九五：東鄰殺牛，不如西鄰之禴祭實受其福。上六：濡其首，厲。

解釋：

既濟卦之卦義為大江大河已渡過，歷盡艱險，已經成功，大局已定，大功已成。但它的發展前途有了局限，並且意味將由成功轉向失敗，故只能小亨，而不能大亨。利於中正、中和。開始形勢是好的，利於穩定，故稱初吉。但形勢會繼續發展，由陰陽平衡又轉向不平衡，會以失敗的大亂告終。

初九：此爻是取得成功的開始，以大車和狐狸過河為例。大車過河雖已到達彼岸，但車輪尚陷在泥水中，要用力牽引才能登上陸地。狐狸過河必濡濕其尾巴才能上岸，都是要加把勁才能成功，危不危險，其意義是無咎的。**六二**：指此爻為柔爻，來比喻婦人想乘車出門，但沒有車棚不能成行。不必去找車棚，七日後會有人送回。意指六二不可動，無為而天下治。**九三**：高宗殷王武丁，又為中興君主，內整朝綱，外伐鬼方，振興國勢，鞏固邊防。用三年平定外患，但疲憊不堪，會產生新的隱患，故一般人是不能用此方法的。**六四**：指行船時要攜帶一些破舊的衣服，以備船破漏水時可進行堵塞，有戒備才能無患。**九五**：東鄰指九五爻在殺牛做盛大之祭祀，不如四鄰的至薄之祭能得到實際的福氣。因六二爻居既濟成功之初，大吉之時，而九五爻在成功之終，終必亂之故。**上六**：此爻為既濟之終，狐狸過河，將頭浸在水中，如何能渡過去，非常危險會有災厲的！

既濟卦應事判斷吉凶

1. **運氣**：吉。功成名就，大局已定，大功告成，但要小心由成功轉向失敗，為小吉。
2. **願望**：起先有達成，但結尾又失去或失敗。
3. **財運**：起先大好，後又損失。
4. **求職**：正職求不到，臨時工作可有。
5. **生意開張**：宜多加考慮，三思而行。
6. **改行或變動**：宜多三思而行。
7. **外出或交涉**：可成功，但態度不宜傲慢。
8. **考試**：成績很好，但下次會差。
9. **尋人**：此次可找回，但還會離家，下次就難再找回。方向：從北方向南找。
10. **失物**：找到仍會再丟掉，要小心看守好。方向：從北往南找。

11. **旅行**：可去，但途中有麻煩及耗財。
12. **戀愛運**：開始甜蜜，後來會變化變壞。
13. **婚姻運**：始吉後凶，小心會解除婚約。
14. **子女運**：主生男。起先高興，後為子女煩惱多。
15. **天氣**：先晴後變天。
16. **股市、期貨買賣**：先漲後跌。
17. **房地產市場**：先漲後跌。
18. **貴人運**：先吉後失掉幫助。

有變爻時的吉凶判斷

＊**初爻變**：要加把勁才會成功。
＊**二爻變**：無為而天下治，不必煩惱會水道渠成。
＊**三爻變**：長久攻伐，易疲憊，要小心產生新的憂患。
＊**四爻變**：有備無患，隨時小心。
＊**五爻變**：時間、位置已注定吉凶福氣。

＊**六爻全變**：凶，小心危險！

64 ䷿ 火水未濟 坎下離上 ——尚未成功、仍須努力

未濟：亨。小狐汔濟，濡其尾，无攸利。

初六：濡其尾，吝。九二：曳其輪，貞吉。六三：未濟，征凶，利涉大川。九四：貞吉，悔亡，震用伐鬼方，三年有賞于大國。六五：貞吉，无悔。君子之光，有孚吉。上九：有孚于飲酒，无咎。濡其首，有孚失是。

解釋：

未濟卦之卦義為未取得成功。它和既濟卦相反。表示事物未成功時要繼續努力不懈來取得成功。亨通之道也包括在其中，未濟終必濟，因此亨。就像幼狐涉水前進，有勇但經驗不足，見險懼怕，渡過

河還未上岸，用盡力氣，尾巴還浸在水中，難以到達終點，凶多吉少無有利了。

初六：指此爻在未濟的開始，又是柔爻，居陽位，無力得濟，像幼狐涉水，氣力不足，尾巴浸在水中游不過去了，未能取得成功。**九二**：指九二爻以剛爻居陰位，在此卦下體中位，不憑剛勇去冒險，固守本位不動，就像用力牽引陷在泥水中之車輪，使它上陸地，這是固守吉的。**六三**：指此爻柔弱，又未處未濟的中正之道，因此也不能涉險歷難成功。**九四**：指此爻剛居陰位，不能適中，外表剛強，內心怯懦，臨大難而退縮，因此告誡它堅守正道則吉，否則會有過悔。就像殷王武丁伐鬼方，震亂三年後勝利成功而賞賜各國。**六五**：指六五爻行濟難的中正之道，九二爻相應來幫忙，同心協力濟險，終於成功，稱『君子之光』。其光輝更加吉與明亮。**上九**：表示經過艱苦奮鬥又取得成功，天下太平穩定，懷著必勝的信心來慶祝升平而飲酒。這是無災咎的，但沈溺酒食安樂，又會陷入危難。不知節制，成功仍會轉向失敗，這種正反相互變化是無終無止的。

未濟卦應事判斷吉凶

1. **運氣**：運氣未通，要繼續努力，小心謹慎，勿衝動冒然行動，否則不利。
2. **願望**：要等待時機，未來有機會達成。
3. **財運**：在變化中，有可能變好。
4. **求職**：須再努力才會有好職位。
5. **生意開張**：吉。但要繼續努力生意才會變好。
6. **改行或變動**：吉。仍要奮鬥。
7. **外出或交涉**：不吉。無法有效果。
8. **考試**：成績普通，仍需努力。
9. **尋人**：不好找，由南向北找，也許會找到。
10. **失物**：難找，須繼續努力，由南往北找。
11. **旅行**：吉。到處閒逛有意外發現。
12. **戀愛運**：須有耐心，初凶後吉。

13. **婚姻運**：有耐心會得到幸福。
14. **子女運**：主生男。為子女辛勞。
15. **天氣**：會多變化，亦可能好轉。
16. **股市、期貨買賣**：先跌後漲，尾盤較佳。
17. **房地產市場**：先跌後漲。
18. **貴人運**：吉。貴人最後會出現。

有變爻時的吉凶判斷

＊**初爻變**：凶。未成功，小心力不從心。
＊**二爻變**：吉。不動為吉，要固守。
＊**三爻變**：凶。柔弱難成功。
＊**四爻變**：堅守正道則吉，否則不吉。
＊**五爻變**：吉。有君子光輝，貴人同心協力來幫忙。
＊**六爻全變**：起先成功，但沈溺安樂又凶。

命理生活新智慧・叢書

紫微斗數全書詳析

《上、中、下、批命篇》四冊一套

◎法雲居士◎著

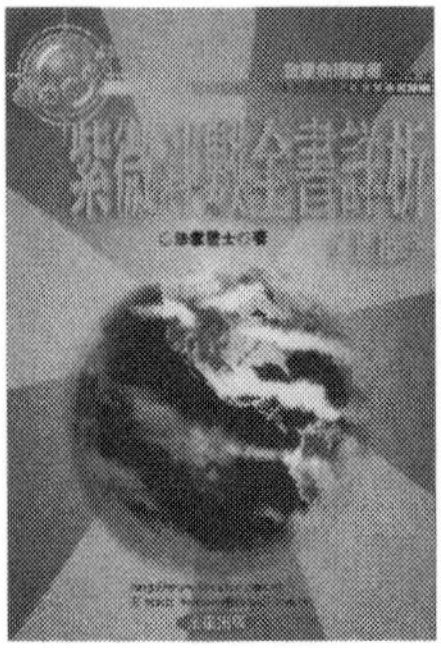

『紫微斗數全書』是學習紫微斗數者必先熟讀的一本書。但是這本書經過歷代人士的添補、解說或後人在翻印上植字有誤，很多文義已有模糊不清的問題。

法雲居士為方便後學者在學習上減低困難度，特將『紫微斗數全書』中的文章譯出，並詳加解釋，更正錯字，並分析命理格局的形成，和解釋命理格局的典故。使你一目瞭然，更能心領神會。

這是一本進入紫微世界的工具書，同時也是一把打開斗數命理的金鑰匙。

命理生活新智慧・叢書

紫微格局看理財

『理財』就是管理錢財。必需愈管愈多！因此，理財就是賺錢！

每個人出生到這世界上來，就是來賺錢的，也是來玩藏寶遊戲的。

每個人都有一張藏寶圖，那就是你的紫微命盤！一生的財祿福壽全在裡面了。

同時，這也是你的人生軌跡。

玩不好藏寶遊戲的人，也就是不瞭自己人生價值的人，是會出局，白來這個世界一趟的。

因此你必須全神貫注的來玩這場尋寶遊戲。

『紫微格局看理財』是法雲居士用精湛的命理方式，引領你去尋找自己的寶藏，找到自己的財路。

並且也教你一些技法去改變人生，使自己更會賺錢理財！

如何選取喜用神

(上冊)選取喜用神的方法與步驟
(中冊)日元甲、乙、丙、丁選取喜用神的重點與舉例說明
(下冊)日元戊、己、庚、辛、壬、癸選取喜用神的重點與舉例說明

每一個人不管命好、命壞，都會有一個用神和忌神。
喜用神是人生活在地球上磁場的方位。
喜用神也是所有命理知識的基礎。
及早成功、生活舒適的人，都是生活在喜用神方位的人。
運蹇不順、夭折的人，都是進入忌神死門方位的人。
門向、桌向、床向、財方、吉方、忌方，全來自於喜用神的方位。
用神和忌神是相對的兩極。
一個趨吉，一個是敗地、死門。
兩者都是人類生命中最重要的部份。
你算過無數的命，但是不知道喜用神，還是枉然。
法雲居士特別用簡易明瞭的方式教你選取喜用神的方法，
並且幫助你找出自己大運的方向。

對你有影響的

殺、破、狼

上、下冊

法雲居士⊙著

每一個人的命盤中都有七殺、破軍、貪狼三顆星，在每一個人的命盤格中也都有『殺、破、狼』格局，『殺、破、狼』是人生打拚奮鬥的力量，同時也是人生運氣循環起伏的一種規律性的波動。在你命格中『殺、破、狼』格局的好壞，會決定你人生的成就，也會決定你人生的順利度。

下冊是繼上冊之後，繼續討論『殺、破、狼』在『夫、遷、福』、『父、子、僕』及『兄、疾、田』以及在大運、流年、流月行運之間的問題。『殺、破、狼』格局既是人生活動的軌跡，也是命運上下起伏的規律性波動。但在人生的感情世界中更是一種親疏憂喜的現象。它的變化是既能創造屬於你的新世界，也能毀滅屬於你的美好世界，對人影響至深至遠。因此在人生中要如何把握『殺、破、狼』的特性，就是我們這一生最重要的功課了。

對你有影響的

紫、廉、武

法雲居士⊙著

在每個人的命盤中都有紫微、廉貞、武曲三顆星，同時這三顆星也具有堅強的鐵三角關係，會在三合宮位中三合鼎立著，相互拉扯，關係緊密、共同組織、架構了你的命運。這也同時，紫微、廉貞兩顆官星和武曲一顆財星，也共同主宰了你的命運！當命盤中的紫、廉、武有兩顆以上居旺時，你的人生就會富足的多，也事業順利、有成就。如果有兩顆以上都居平、陷之位時，則你人生中的過程多艱辛、窮困、不太富裕。要看命好不好？就先從你命盤中的這三顆星來分析吧！

如何觀命・解命

法雲居士⊙著

古時候的人用『批命』
是決斷、批判一個人一生的成就、功過和悔吝。
現代人用『觀命』、『解命』
是要從一個人的命理格局中找出可發揮的潛能，
來幫助他走更長遠的路及更順利的路。
從觀命到解命的過程中需要運用很多的人生智慧，但是我們可以用不斷的學習
就能豁然開朗的瞭解命運。

法雲居士從紫微命理的觀點來幫助你找出命中的財和運，
也幫你找出人生的癥結所在。
這本『如何觀命・解命』也徹底讓你弄清楚算命的正確方向。

十干化忌

法雲居士⊙著

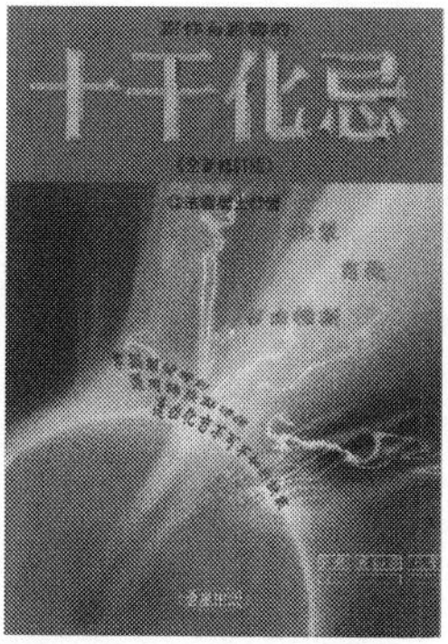

『權祿科忌』是一種對人生的規格與約制，十種年干形成十種不同的、對人命的規格化，以出生年份所形成的四化，其實就已規格化了人生富貴與成就高低的格局。
『權祿科』是決定人生加分的重要關鍵，
『化忌』是決定人生減分的重要關鍵，
加分與減分相互消長，形成了人世間各個不同的人生格局。『化忌』也會是你人生命運的痛腳及力猶未逮之處。

這是一部套書，其餘是『羊陀火鈴』、『權祿科』、『天空、地劫』、『昌曲左右』、『殺破狼』、『府相同梁』。

這套書是法雲居士對學習紫微斗數者常忽略或弄不清星曜特質，常對自己的命格有過高的期望或過於看輕的解釋，這兩種現象都是不好的算命方式。因此，以這套書來提供大家參考與印證。

三分鐘會算命

簡單・輕鬆・好上手

讓你簡簡單單、輕輕鬆鬆，一手掌握自己的命運！

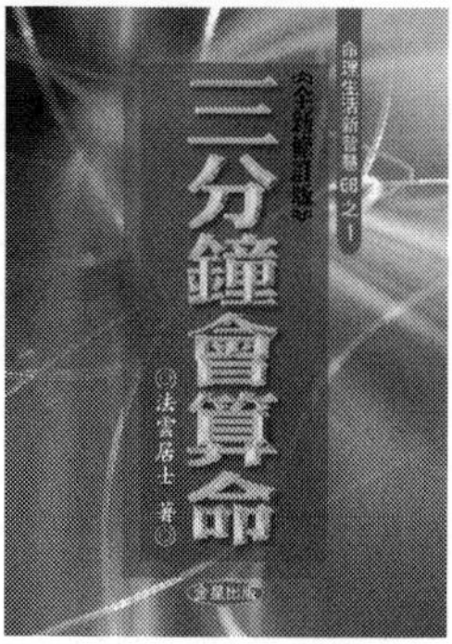

誰說紫微斗數要精準，就一定要複雜難學？
即問、即翻、即查的瞬間功能，
一本在手，助你隨時掌握幸運人生，
趨吉避凶，一翻搞定。
算命批命自己來，命運急救不打烊，
隨時有問題隨時查。

《三分鐘會算命》就是你的命理經紀，
專門為了您的打拚人生全程護航！

如何尋找磁場相合的人

法雲居士⊙著

每個人一出世，便擁有了自己的磁場。
好的磁場就是孕育成功人士、領導人、有能力的人能造福人群的人的孕育搖籃。同時也是享福、享富貴的天然樂園。壞的磁場就是多遇傷災、破耗、人生困境、貧窮、死亡以及災難無法躲過的磁場環境。
人為什麼有災難、不順利、貧窮、或遭遇惡徒侵害不能善終的死亡？
這完全都是磁場的問題。

法雲居士用紫微命理的方式，讓你認清自己周圍的磁場環境，也幫你找到能協助你、輔助你脫離困境、及通往成功之路的磁場相合的人。
讓你建立一個能享受福財與安樂的快樂天堂。

用你的運氣來減肥瘦身

法雲居士⊙著

人身邊的運氣有很多種，有好運，也有衰運、壞運。通常大家只喜歡好運，用好運來得到財富和名利。

但通常大家也不知道，所有的運氣都是可用之材。衰運、壞運只是無法得財、得利，有禍端而已，也是有用處的。只要運用得當，即能化險為夷，反敗為勝。並且運用得法，還能減肥、瘦身、養生。

這是一種不必痛，不必麻煩，會自然而然瘦下來的減肥瘦身術，以前減肥失敗的人，應該來試試看！

學會這套方法之後，會讓你的人生全部充滿好運跟希望，所有的衰運也都變成有用的好運了！

樂透密碼

法雲居士⊙著

偏財運的暴發能量＝人的質量×時間^2（本命帶財）

本書是討論會中樂透彩的人必有其特質，其中包括了『生命財數』與『生命數字』。

能中樂透彩的人必有暴發運，

世界上有三分之一的人有暴發運。

因此能中樂透彩之人必有其數字金鑰和生命密碼。

如何運用這個密碼和金鑰匙打開生命中的最高旺運機會，又將在何時能掌握到這個生命的最高峰，這本『樂透密碼』將會為您解開通往幸運之門的答案！

命理生活新智慧・叢書 49

紫微命格論健康

（上、下二冊）

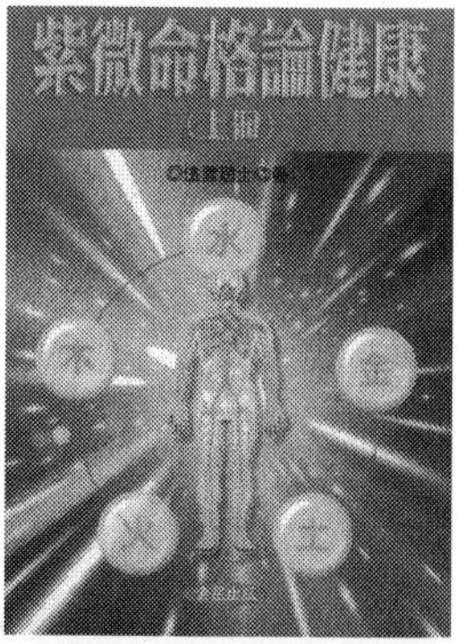

『紫微命格論健康』下冊是詳述命理和人身體上病理之間相互關係的一本書。

上冊談的是每個命格在健康上所展現的現象。

下冊談的是疾病因命格不同所產生的理論問題。

也會教你利用流年、流月、流日來看生理狀況和生病日。

以及如何挑選看病、開刀，做重大治療的好時間與好方位。還會談及保養和預防的要訣。

紫微斗數是最能掌握時間要素的命理學。
生命和時間有關，
能把握時間效應，就能長壽。
故這本書也是教你如何保護生命資源
達到長壽目的的一本書。

法雲居士⊙著

金星出版

紫微手相學

法雲居士⊙著

這本書是結合紫微斗數的精華和手相學的精華
而相互輝映的一本書。

手相學和人的面相有關。
紫微斗數中每種命格也都有其相同特徵
的面相。因此某些特別命格的人，就會
具有類似的手相了。
當紫微命格中的那一宮不好，或特吉，
你的手相上也會特別顯示出來這些特
徵。

法雲居士依據對紫微斗數的深刻研究，
將人手相上的特徵和命格上的變化，
一一歸納、統計而寫成此書，
提供大家參考與印證！

如何為寵物算命

旺運寵物命相館

法雲居士⊙著

這是一本談如何為寵物算命的書。
每個人都希望養到替自己招財、招旺運的寵物，
運氣是『時間點』運行形成的結果！

人有運氣，寵物也有運氣，如何將旺運
寵物吸引到我們人的磁場中來，將兩個
旺運相加到一起，使得我們人和寵物能
一起過快樂祥和的日子。

讓人和寵物都能相知相惜，彷彿彼此都
找對了貴人一般！
這就是這本書的主要目的！
並且這本書不但教你算寵物的命，
也讓你瞭解自己的命，知己知彼，
更能印證你和寵物之間的緣份問題！

偏財運風水大解析

偏財運風水就是『暴發運風水』！
偏財運風水格局與一般風水不同，
好的偏財運風水格局會使人發富得到大富貴
邪惡的偏財運風水格局會使人泯滅人性、
和黑暗、死亡、淒慘事件有關。

人人都希望擁有偏財運風水寶地，
但殊不知在偏財運風水
之後還隱藏著不為人知的黑暗恐怖面。
如何運用好的偏財運風水促使自己成就大富貴，
而不致落入壞的偏財運風水的陷井中，
這就是一門大學問了！

法雲老師運用很多實例幫你來瞭解偏財運風水精髓，
更會給你最好的建議，讓你促發，
並平安享用偏財運所帶來的之富貴！

紫微談判學

法雲居士⊙著

現今工商業社會中，談判、協商是議事的主流。
每一個人一輩子都會經歷無數的談判和協商。
談判是一種競爭！也是一種營謀！
更是一種雙方對手的人性基因在宇宙中相遇激盪的火花。
『紫微談判學』就是這種帶動人生好運、集管理時間、組合空間、營謀智慧、人緣、創造新企機。
屬於『天時、地利、人和』成功法則的新的計算、統計、歸納的學問。

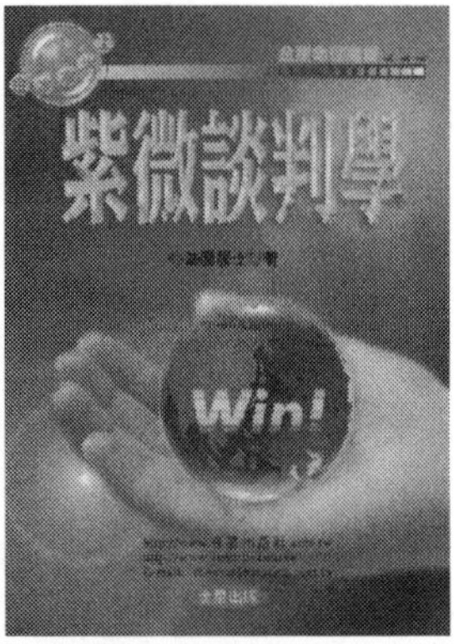

法雲居士用紫微命理教你計算、掌握時間的精密度，繼而達到反敗為勝以及永遠站在勝利高峰的成功法則。

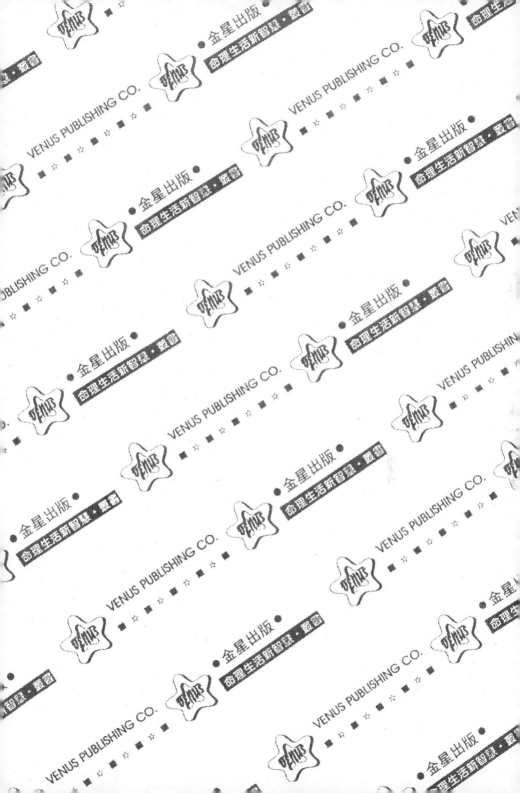